教育理想与追求

LIDE SHUREN JIAOYU LIXIANG YU ZHUIQIU

严 权 著

图书在版编目(CIP)数据

立德树人:教育理想与追求/严权著.—武汉:中国地质大学出版社,2021.9
ISBN 978-7-5625-5107-2

Ⅰ.①立…
Ⅱ.①严…
Ⅲ.①基础教育-文集
Ⅳ.①G63-53

中国版本图书馆 CIP 数据核字(2021)第 181321 号

立德树人:教育理想与追求		严 权 著
责任编辑:彭 琳		责任校对:徐蕾蕾

出版发行:中国地质大学出版社(武汉市洪山区鲁磨路388号)　　邮政编码:430074
电　　话:(027)67883511　　传　　真:(027)67883580　　E-mail:cbb@cug.edu.cn
经　　销:全国新华书店　　　　　　　　　　　　　　　　　　http://cugp.cug.edu.cn

开本:787毫米×960毫米 1/16	字数:201千字	印张:10.25
版次:2021年9月第1版	印次:2021年9月第1次印刷	
印刷:武汉中远印务有限公司		
ISBN 978-7-5625-5107-2		定价:58.00元

如有印装质量问题请与印刷厂联系调换

前　言

本书向读者展示了笔者在每一个工作阶段、每一个工作岗位中的收获和感悟。书中收录了笔者近20年来撰写的学术论文和教育小故事，涉及多个研究方向。其中，赣南师范大学丁小明副教授参与了部分内容的撰写工作。本书共分为四个篇章：立德树人、教育小故事、新课程改革、院校发展。

第一篇立德树人。笔者从小学教育专业建设的困境与超越出发，阐述了德育在教育过程中的重要性及功能。

第二篇教育小故事。笔者从立德树人的视角，阐述了中小学教师的本职工作，总结了中小学教师教书育人的真谛，即对教育的敬畏之心和对学生的无私的爱。

第三篇新课程改革。课程是学校为实现人才培养目标而选择的教育内容及其进程的总和。笔者阐述了对现代课程的个人思考以及对现代课程改革的新观点、新思路、新方法。笔者认为教师应把课堂还给学生，让学生去沉思、去体验、去感悟、去建构，最后教师点石成金，一语道破天机，让学生豁然开朗。

第四篇院校发展。笔者从新建本科院校的办学理念、办学定位、课程开发等方面，系统阐述了新建本科院校的发展模式，力求完善应用型人才培养体系。

本书是2018年广度东省高校"冲补强"项目（科研和研究平台建设类——基础教育平台：小学教育）、2017年度广东省高等学校特色专业建设项目"小学教育特色专业建设研究"（课题编号2017GJ084）、2018年度广东省教育厅创兴强校项目"小学教育专业建设研究"（课题编号2018WTSCX089）、2018年度韩山师范学院教授科研启动项目"课程德育的理论与实践研究"阶段性研究成果。

韩山师范学院对《立德树人：教育理想与追求》的出版给予资助，在此深表谢意！同时，感谢中国地质大学出版社对本书出版的大力支持！

严　权

2021年3月16日

目 录

第一篇 立德树人

论小学教育本科专业建设 …………………………………………（3）
信息社会"立德树人"的困境与超越 …………………………（10）
蔡元培德育思想与当今学校道德教育 …………………………（21）
论潜在课程德育功能及其发挥——基于贝塔朗菲"系统论" ……（27）
重温赫尔巴特道德教育思想 ……………………………………（38）
论和谐高校校园的建设 …………………………………………（45）
建设高校和谐校园文化应坚持的原则 …………………………（50）

第二篇 教育小故事

爱讲故事的宋老师 ………………………………………………（57）
花香蝶自来 ………………………………………………………（60）
静待花开 …………………………………………………………（62）
宽　容 ……………………………………………………………（65）
陪　伴 ……………………………………………………………（68）
因材施爱 …………………………………………………………（71）
因材施教 …………………………………………………………（74）
因势利导 …………………………………………………………（76）
长善救失 …………………………………………………………（79）

第三篇　新课程改革

论新课程改革中的教师角色转变……………………………………（85）
新课程背景下教师专业发展研究……………………………………（92）
新课程背景下的课堂教学反思………………………………………（100）
新课程评价理念及特点………………………………………………（107）

第四篇　院校发展

新建本科院校的办学理念……………………………………………（115）
新建本科院校的办学定位……………………………………………（122）
走进"社会大课堂"……………………………………………………（128）
论地方本科院校创新创业教育………………………………………（134）
近代应用型课程观综述………………………………………………（143）
论应用型本科院校的课程设置………………………………………（151）

第一篇 立德树人

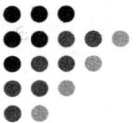

论小学教育本科专业建设

严 权 丁小明

摘 要：小学教育本科专业是随着我国经济社会的发展与基础教育改革和发展而创建的，经过了十多年的实践、探索，积累了一些经验，也存在着诸多问题，有必要对小学教育本科专业进行重新审度，明确专业特征、专业特色、人才素质结构、人才培养特质和人才培养模式，探索建设路径。

关键词：小学教育专业；专业建设；人才培养特质；支撑学科；素质结构

一、小学教育本科专业的起源

长期以来，我国一直是以中等师范学校作为培养小学教师的摇篮。中等师范学校作为小学教师的定向培养机构，具有注重小学教师教育教学技能训练和教师素质养成的优势，学生专业基础牢固，毕业后能很快适应小学教育教学的需求。但是，中等师范学校毕业的学生发展后劲不足，在教育教学理念、学科水平和专业素养上与现代教师专业化发展的要求有较大差距。随着我国社会经济、信息技术的迅速发展和国民素质的不断提高，培养适应现代社会与教育发展需要的高学历、高素质的小学教师，成为我国师范教育改革与发展的趋势。

小学教育本科专业的形成经历了一个长期的过程。1985年，在教育部师范司积极倡导下，以中等师范教育为主的全国65所学校陆续办起小学教育大专班，旨在培养大专学历的小学教师，其培养的大专毕业生在小学普遍受到学生、家长的欢迎。但是，中等师范学校办大专班存在不少的困难，学科建设、师资队伍等都存在诸多问题。1997年4月，我国教育部师范司以教育改革课题"培养

文章来源：《赣南师范学院学报》，2013年第4期，有修改。

本、专科学历小学教师的专业建设研究"立项并开展研究工作。1998年初,教育部实施了"高等师范教育面向21世纪教学内容和课程体系改革计划",并将教育改革科研项目"培养本、专科学历小学教师的专业建设研究"确立为部级重点教育改革项目。该项目着重对小学教育本科专业的特征、培养目标与规格、课程方案、教材与师资建设等进行了综合整体的理论研究与实践。1998年秋,原南京晓庄师范学校与南京师范大学联合,成立了南京师范大学晓庄学院,率先创办了我国教育史上第一个可授予学士学位的小学教育专业[1]。接着,首都师范大学、上海师范大学、天津师范大学、沈阳大学、集美大学等高校陆续成立了初等教育学院,开始培养具有本科学历的小学教师。直至2002年,小学教育本科专业才被正式列入我国教育部设置的本科专业目录,小学教师的培养也才被纳入高等教育体系。

二、小学教育本科专业建设的必要性

培养具有本科学历的小学教师是我国现代教师教育改革与发展的必然趋势。长期以来,我国教师教育体制分为三级,即小学教师由中等师范学校培养,初中教师由师范专科学校培养,高中教师由高等师范院校培养。从20世纪80年代中期开始,我国教师教育由三级师范向二级师范过渡,而且这一过渡尚未完成,于90年代后期,又开始了由二级师范教育向一级或是新三级(专科、本科、研究生)师范教育过渡的研究和实践。教育部在《面向21世纪教育振兴行动计划》中明确指出:"2010年前后,具备条件的地区将使小学和初中专任教师的学历分别提升到专科和本科层次。"到2020年,教育部规划小学教师学历将总体上实现本科化。开创教师教育培养的新格局、提高教师的素质和学历层次是我国教师教育改革与发展的重要思路。

培养具有本科学历的小学教师是世界各国教师教育发展的基本态势。美国在20世纪三四十年代,提出了小学教师应具备大学学历,教师工资不以其所任教学校评定,而一律按受教育程度(学位)评定。随后,中等师范学校数量逐渐减少甚至消失,而被有资格授予各级学位的师范学校和高等院校取代。1949年,日本制定了《教育职员许可法》,规定大学毕业生修完了规定的教育课程,才可取得小学和中学教师资格证。在英国,小学师资主要由大学培养。法国设立了教师教育大学中心,实施一元化的师资培养方案,开设以大学毕业生为对象的两年制教师教育课程培养模式。在德国,各个州于20世纪70年代开始,小学教师基本上是由高等教育机构来培养。总之,世界各国迅速发展教师教育,加大教师教育改革的步伐,特别是对从事小学教育的人才要求发生了很大的变化。主要表现为小学教师培养层次上移,向着高起点、高学历、高水平的方向发展;培养小学师资的中等师范学校逐步减少以至消亡,而被更高层次的师范院校所替代。

三、小学教育本科专业建设路径

(一)明确高等教育专业内涵,强化小学教育本科专业特征

专业作为一种建制,一种知识生产、传播与分配制度,一种人才培养与管理制度,规定着知识范围的边界、教育资源的分配、人力资源的结构与流向。专业是建构高等教育体系和完善人才培养过程的核心因素,高等教育就是建立在普通基础教育之上的专业教育。世界高等学校的专门教育实际上是"根据学术门类划分或职业门类划分,将课程组合成不同的专门化领域"[2]。专业建设对实现高等教育人才培养结构与经济社会人才需求结构间的平衡具有重要的意义。小学教育本科专业的设置为高等教育专业建设注入了新的活力。在全面提高教师教育质量的今天,把握好小学教育本科专业的专业发展特征,对促进小学教育本科专业内涵建设和可持续发展有着重要作用。

我们应强化小学教育本科专业特征,避免外延扩大。我国高等教育专业主要是根据社会需要而设置的。小学教育本科专业的发展,必须依托专业自身规范建设。小学教育专业应该根植于大学文化的沃土,应坚持高等教育专业建设方向。美国小学师资的培养,一般在文理大学和综合性大学进行,专业认同度高。然而,我国小学教育本科专业,相对于传统师范本科专业来说,专业特征不明,学生专业归属感不强,专业认同度不高,大多数学生毕业后不愿意从事小学教育工作。小学教育本科专业不是中等师范教育、专科教育专业的简单升格,亦不完全等同于传统的师范本科专业。小学教育本科专业培养的人才必须具有扎实的专业知识和娴熟的专业技能。为了增加小学教育本科专业学生的就业机会,提高就业率,一些高校拓展了专业外延。这种做法,出发点无可非议,实际效果则适得其反。小学教育本科专业应该突出小学教育的专业特征,明确小学教育的专业方向,防止小学教育本科专业出现"双专业"的倾向。

（二）树立现代教师教育理念，强化小学教育本科专业特色

教师成为研究者是现代教师教育发展的必由之路。现代教育呼唤广大教师的专业发展，其核心之一是科研素养，这是教育改革的原创潜能，也是衡量教师是否成熟的重要标准。小学教师教育教学研究是为了解决教育实践活动中遇到的疑难问题，而不应脱离教育教学实践活动，因而"行动研究"是很好的研究方式。"行动研究"不是一种独立的研究方法，而是一种教育研究活动，是一种教师和教育管理人员密切结合本职工作并综合运用各种有效的研究方法，以直接推动教育工作的改进为目的的教育研究活动。作为教育实践者的小学教师应该在行动研究中不断地检核、修正、改进自己的教育教学实践方案。教师集研究者、观察者、访问者、分析者等各种角色于一身，更要随时自我反省，既要做技术性的反省，也要做实质性、批判性的反省。

（三）融合科学精神与人文精神，构建完美的人才素质结构

科学精神与人文精神的关系，实际上类似经济与道德的关系。关于经济与道德的关系问题，其实是个老问题，早在几千年前，中国圣贤对这个问题即有过通透的见解。他们认为，道德为目的，经济为工具，道德为立国之本，经济为治国之用[3]。从一定程度上来看，人文精神与科学精神是承载和导引人类社会前进的两条轨道，是人类在实践中创造出来的最为宝贵的两种精神，两者之间有着互生共补的关系。科学精神的弘扬恢复了理性的权威，人文精神的倡导重新树立了人的尊严，在人类社会的改造建设中，只有将两者放在同等重要的位置，社会发展才能顺利前行。

完美的人才素质结构乃科学精神与人文精神之融合。完美人才要通过实施完美的教育政策来培养，完美的教育就是融合科学精神与人文精神的教育。实施完美的教育政策是培养学生良好的思想道德品质的前提，良好的思想道德品质是学生成才的一个重要条件。哈佛大学研究表明：人生成就至多只有 20% 归诸智商，80% 则受其他因素影响，例如意志力、自信心、情绪控制、人际关系、团队精神、自我激励、思考方法等[4]。对于小学教育本科专业来说，强调自然科学教育的同时，也应该强调人文科学的教育；既要培养较全的科学素养，又要培养一定的人文素养。小学教育本科专业的学生作为未来的小学教师，既需要有乐观、积极的生活态度，又需要具备诚实、正直的道德品质，在潜移默化中帮助学生养

成良好的思想道德品质。我国新一轮基础教育改革明确规定了基础教育课程结构应该体现综合性、基础性和选择性,加强学科的综合性,注重联系儿童经验和生活实际,重视学科之间的彼此关联、相互补充和相互渗透。这一课程结构的调整,意味着对小学教师的综合素质提出了较高的要求,要求小学教师既要有较高的科学素养,又要有一定的人文素养。

(四)明确小学教育本科专业人才服务方向,把握人才培养特质

服务方向是指高等教育在人才培养、科学研究和社会服务等方面的范围和层次。服务方向是专业发展的基石,亦是高校办学理念、水平、实力的特定表现维度。我国小学教育本科专业的设置并没有改变小学教师的培养宗旨,其主要目的是提升小学教师的学历层次,促进教师的专业发展。小学教育本科专业的建设要立足小学教育,服务小学教育。小学教育本科专业是高等教育体系的一个组成部分,它的服务宗旨是面向小学,培养高水平的小学教师。小学教育本科专业建设反映了时代的需要,定位于培养综合型、创新型和研究型的小学教师。

把握小学教育本科专业人才特质是确保人才服务方向的前提。小学教育专业作为一门新兴的专业,主要用于培养德、智、体、美、劳全面发展,学有专长,具备牢固的小学教育专业思想、高尚的道德修养,具备先进的教育理念,熟悉小学教育,适应现代小学教育发展需要,具有广博的文化知识,掌握小学教育的基本技能,具备较强的创新能力与实践能力的小学骨干教师、学科带头人及教育管理人员。关于小学教师的特质,国内外的学者曾做过一系列的论述,更多关注小学教师的能力、素质要求或小学教师的特殊性等。我国学者顾明远教授指出,小学教师的培养在由专科层次提升到本科层次的过程中,首先要全面提升职前教师的文化底蕴,其次是提高小学教师的教育理论水平。小学教育本科专业,应致力于提升学生的政治素养,帮助学生树立正确的世界观、人生观和价值观,同时应该培养他们的职业道德素养和专业情感。小学教育是启蒙教育,小学教师通过各类课程和活动引导儿童向真、善、美的方向和谐发展,因而小学教师应具有综合性的知识结构和较强的应对能力[5]。小学生处于未成熟阶段,其模仿性和可塑性很强,因此,教师品行端正、人格高尚,对学生能够起到很好的榜样作用。

（五）以多学科为支撑"学科群"，建构小学教育本科专业人才培养模式

学科是"源"，专业是"流"。小学教育本科专业在我国师范教育体制中是一个新兴专业，需要在不断探索和研究中明确专业建设的支撑"学科群"，打好小学教育本科专业建设的基础。所谓的"学科群"，从高等教育专业与学科目录来看，它是若干相互联系的具有相同级次的学科的集合。"学科群"的大小不仅与同级次的学科数量相关，还与所含学科的类目级次相关，学科的级次越高，学科的口径越大，"学科群"中学科的容量就越大。有时某个学科下设若干个专业，有时某个专业又需要若干个学科作支撑。学科以专业为基础，专业以学科为依托。我们应着力建设好支撑学科，建立学科交叉平台，形成新的学科专业生长点，构建相互依托、相互支撑的学科专业体系。小学教育本科专业的建设与发展应该有强有力的"学科群"作为支撑，它承担着教师教育的任务，其专业建设的水平直接关系着人才培养的质量。小学教育专业属于由多学科支撑的一个专业，如教育学、心理学、文学、理学、史学、健康医学、音乐、美术等[6]。小学教育专业一般设置在初等教育学院或者师范学院中。这一特点决定了它需要以一个综合性、具多学科背景的大学作为依托，这样才有利于培养师范人才及提升学科专业水平。

从专业建设目标看，目前我国已经对小学教育本科专业建设目标基本达成共识，即在学有专长的基础上，突出学科教育的基础性、综合性，其人才培养模式为"综合培养，学有所长"。一般来说，小学课程的综合性、交叉性决定了小学教师在构建知识结构上应该突出综合性。在综合培养的基础上，还应该要求学生"学有所长"，即每个学生应选择一门学科领域作为自己的课程发展领域，为将来自己成为某一学科专家打下基础。具体而言，这一学科的培养要求应该达到相应学科的专科或者专科以上的要求。另外，社会的发展、知识的更新、教育的改革要求小学教育专业的学生学会学习，走进教育教学研究领域，成为研究型教师，只有这样才能适应社会发展需要，并实现自己的专业发展。当然，建构小学教育本科专业人才培养模式必须以人才素质结构和人才特质为基础，根据综合培养的思路来建构。小学教育专业培养方案及教学计划的制订应体现学生全面发展的要求，有利于提高人文素养和科学素养，有利于培养创新精神和实践能力。

参考文献

[1] 张巧文.对小学教育本科专业教师培养理念的思考[J].教育探索,2006(9):111-113.
[2] 潘懋元,王伟廉.高等教育学[M].福州:福建教育出版社,1994:127.
[3] 贺麟.文化与人生[M].北京:商务印书馆,2006:25.
[4] 韩延明.大学教育现代化[M].济南:山东教育出版社,1999:9.
[5] 朱小蔓.中国教师新百科(小学教育卷)[M].北京:中国大百科全书出版社,2002:1-6.
[6] 王智秋.小学教育专业人才培养模式的研究与探索[J].教育研究,2007(5):29.

信息社会"立德树人"的困境与超越

严 权

摘 要："立德树人"是中华民族优秀的传统文化。然而,当今信息社会"立德树人"这一传统文化受到严重冲击,鉴于此,应重新建构"立德树人"路径:改革课程与教学,落实育人的任务;开展探究学习,促进学生知情统一;建设校园文化,释放潜在课程育人功能;建立平等师生关系,榜样示范育人;开展组织活动,让学生"求真知""做真人";建设以"素质教育"为导向的评价机制,促进学生全面发展。

关键词:信息社会;立德树人;困境;超越;重构

一、"立德树人"

"立德树人"是中华民族优秀的传统文化。该词是由"立德"和"树人"合成而来。"立德":树立德业。语出《左传·襄公二十四年》:"太上有立德,其次有立功,其次有立言,虽久不废,此之谓不朽。"孔颖达疏:"立德,谓创制垂法,博施济众……"[1]"树人":培养人才。语出《管子·权修》:"一年之计,莫如树谷;十年之计,莫如树木;终身之计,莫如树人。"尹知章注:"树人,谓济而成立之。"[1]"十年树木,百年树人",这是一个很古老也很常见的箴言,意思是办教育不可急功近利,应有"终身以之,老而弥笃"的精神。把"立德树人"作为一个词语记录下来,是2009年上海人民出版社出版的一本围绕"培养什么人""怎样培养人"等根本问题而展开探讨的图书,该书回顾、梳理和总结了上海高校近些年的思想政治教育实践探索。国无德不兴,人无德不立。党的十八大首次提出,把"立德树人"作为教育的根本任务。党的十八届三中全会进一步提出,要坚持"立德树人"。2014年,教育部印发了《关于全面深化课程改革落实立德树人根本任务的意

见》，进一步明确"立德树人"是教育永恒的主题。"立德树人"是教育的初心，是本真教育的智慧实践，对增强文化归属感、民族认同感有着重要的价值。

二、信息社会"立德树人"的实然困境

信息社会"立德树人"面临新的挑战。在当今信息社会，国际竞争日趋激烈，对学生综合素质的培养提出了更高要求。信息社会网络技术的迅猛发展，经济全球化的不断推进，各种思想、文化、价值观、意识形态、民族心理等的交流、交融与交锋更加频繁，学生的成长环境与传统的农耕社会、工业社会有着本质的不同。学生是成长变化的人，他们具有鲜明的个性、自主意识、多元化价值观等。日趋激烈的国际竞争和日益复杂的成长环境，对当今信息社会的学生"成人""成才"产生严重的冲击。

信息社会多元文化冲击传统的道德教育目标。信息社会多元文化的传播更加方便、便捷，人们易于受到多元文化的冲击，其价值取向和价值判断更加混乱与多元。同时，传统的主流文化受到冲击，主流文化所倡导的价值观的主导性地位也产生动摇。办教育的主要宗旨之一就是传承传统的优秀文化，用文化化人。"办大学就是要办一种氛围。"[2]同样，办教育也就是要办一种氛围。这是一种通俗易懂的表达，道出了教育的真谛。所谓的氛围，就是一种文化。办教育时最关键的工作之一就是建设优秀的校园文化，而优秀的校园文化本身就是一种课程，只不过是一种潜在的课程。这种潜在课程具有隐喻性，然而"隐喻是生产性的"[3]。学校里的青草绿地、红砖青瓦，都向学生传递着无数话语，承载着"立德"与"树人"的重任。

信息社会教育异化冲击着传统的道德教育内容。从教育发展的历史进程看，教育最初提供的并非专业，而是课程。比如，中国古代的"六艺"、古希腊的"七艺"，那就是课程。"好的教育"就是能够给学生提供好的课程，优秀教师就是能够给学生提供更高质量课程的人。教育学词汇的专业性、科学学词汇的学科性、社会学词汇的职业性，都是通过课程得以体现，从某种意义来说，课程建设比专业建设、学科建设等更为重要。从人类认识论的角度来看，在人的整体心理活动中，艺术往往引领科学，科学家的科学活动常常是由科学美所引领。科学美来源于自然美，它是美的一种特殊形式。人们通过对自然美的特殊鉴赏，从而将自然美表现为科学美，人和自然在共同揭示美的过程中就产生了科学。教育，或者

说课程,常常是以最简单明了的方式从学生最感兴趣的地方开始。最简单明了的方式,应该是对话、交往、合作、探究;学生最感兴趣的地方,往往是婉转、深沉、隐喻的东西。只有进入学生心灵深处的东西,才能引起学生情感的共鸣。

信息社会教学异化影响着传统的道德教育途径。德育课程是学校道德教育的主要特点。这些德育课程在不同的学段有不同的名称,如小学的"品德与生活""品德与社会",中学的"政治生活""思想品德",大学的"思想道德修养与法律基础""毛泽东思想""马克思主义基本原理"等。这些课程被认为是学校道德教育的主要载体,实施这些课程是学校道德教育的主要途径。然而,在现实教育实践过程中,这些课程的地位和作用并没有凸显出来,在很大程度上徒有虚名,反而存在被边缘化的倾向。导致德育课程被边缘化的主要原因是教学异化,即重视知识的传授,忽视了做人的教育。然而,传授知识是教学的手段,品德教育才是教学的目的。古希腊哲学家、教育家苏格拉底认为,"美德和知识是一回事"[4]。德国著名的哲学家、心理学家与教育家赫尔巴特曾说:"我不承认有任何'无教育的教学'。"[5]信息社会,知识本身不再是稀缺资源,教育的目的不是传授知识,通过传授知识来育人才是教育的真实目的。

信息社会信息共享挑战传统的道德教育手段。信息技术作为现代社会发展的生产力,与教育有着密切的关系,信息技术的发展影响着教育的变革。信息社会改变了教师和学生的关系,也改变了教与学的方式,即由重视教师的教向重视学生的学转变。教师要大胆地退,学生要勇敢地进,教师要把课堂还给学生,让学生成为学习的主人,使他们自主建构知识。教师的权威受到挑战,教师不再是知识的权威,而是平等中的首席,教材也不再是学生学习知识的唯一载体。这种变革严重冲击着传统的道德教育手段,教师的榜样示范作用受到忽视。然而,身教重于言教,教师的高尚人格、人生态度等,本身就是道德教育的内容和手段。在道德教育过程中,教师人格魅力的展现有助于"立德树人"发挥应有的作用。

"立德树人"是建设中国特色社会主义的根本要求。道德建设是国家意识形态传播与全民道德素养提升的重要手段。得道多助,失道寡助,道德建设是一个人安身立命的根本,也是社会发展的基石。建设中国特色社会主义,实现中华民族伟大复兴,人力资源是关键。提高国民的素质、建立人才资源强国,是发展中国特色社会主义教育事业的根本目标。落实"立德树人"的要求,培养德、智、体、美全面发展的社会主义建设者和接班人是我国教育目标的基本要求,是贯彻落实党的十八大和十八届三中全会精神的根本体现。"立德树人",也是遵循教育规律、实现教育现代化的必然要求。然而,在当今信息社会,"立德树人"受到严重冲击,鉴于此,应重新建构"立德树人"路径。

三、信息社会"立德树人"的应然重构

学生的成长不能脱离社会,社会是影响学生成长的一个重要因素。社会发展的历史进程已经证明,一个社会的文明进步,不仅仅需要完备的法治体系,更需要道德规范和伦理秩序。如果没有道德规范和伦理秩序这些无形的道义准则来引领人们道德自律,那么这个社会定会礼崩乐坏、纲常失范,人们一定会践行"冷冰冰"的人际规则,没有了温情,没有了诚信,没有了信仰。社会问题的治理也绝非一朝一夕之事,也不是一日之力可以毕其功。解决这个问题比较好的对策是:一方面,社会管理者应清正廉洁、遵纪守法,以实际行动教化学生;另一方面,社会管理者应当进一步加强法制建设,伦理秩序、道德规范的重构以及学校教育的改革与完善。在学校教育中,道德教育应是最重要的工作,因为一个人对社会贡献的多少,取决于自己的道德品质的高低,品德越高尚,贡献也就越大。当然,一个人的成长与家庭教育也有很大的关系。本文主要从学校教育层面来思考信息社会"立德树人"应该注意的几个方面的问题。

1.改革课程与教学,落实育人的任务

课程是人类文明成果的精华,课程改革的核心环节是课程实施,而课程实施的基本途径则是教学。它们体现民族文化、民族思想、社会价值、国家意志等,直接影响人才培养的价值取向。深化课程改革,主要目的就是构建遵循教育规律、符合学生身心发展特点、具有时代特征和中国社会主义特色的课程体系。课程实施是道德教育的基本途径。开发课程的根本目的是促进学生的全面发展,开发的课程不经过实施则课程的育人功能也无法发挥。教学是课程实施的主要途径,学生通过学习教师开发的课程,将课程内容或者环境因素内化为自身内在的素质,从而使自己获得发展。在教学中,师生交往与互动、学生之间的合作与探究及同辈群体的影响都能促进学生道德行为的养成。学校里的"思想品德""政治""品德与生活""思想与社会"等课程,是德育课程的主要组成部分,其基本形式是通过教学来展开的,德育课程不是在教学活动之外,而是在教学活动之中。除了德育课程之外,其他的学科课程在实施的过程中,同样具有重要的育人功

能。我国第八次基础教育课程改革强调,"语文"等19门课程应贯穿科学发展观与社会主义核心体系,坚持科学性与思想性的相统一原则,文以载道。教学是实现学校人才培养目标的基本途径,是学校教育的中心工作。如果学校不以教学为中心,必将违背教育的基本规律。既然教学是学校的中心工作,学校教育的目的是"立德树人",那么教学就是"立德树人"的基本途径。

教学是教育的下位概念,教学活动必是教育活动。教学是"以课程为中介的师生双方教和学的共同活动,是学校实现教育目的的基本途径"[6]。教学与教育的根本目的是相同的,都是"立德树人"。教学过程不仅仅是认知信息的传递和加工的过程,也是情感交流与感染的途径,是教师与学生在认知、情感态度和价值观方面同时进行交互的过程。教学给知识注入生命,知识因此而鲜活;教学给生命注入知识,生命因此而厚重。现代教学是师生生命与灵魂的一面镜子,也是师生共同经历的一段生命历程。世界上根本就不存在没有教育的教学,教学永远具有教育性。美德是在知识的基础上建立的,世界上不存在无知识的德性,没有知识就没有美德。没有美德的教学是空中楼阁,没有根基,毫无意义。脱离了教学,对学生进行空洞的说教也是毫无价值的。只有通过教学,才能对学生进行有效德育。

2. 开展探究学习,促进学生知情统一

"探究学习"的英文是"Inquiry Learning"。英文"inquiry"来源于拉丁语的"in"或"inward"和"quaerere",意思是"在……中"去"质询、寻找"。《牛津现代高级英汉双语词典》里"inquiry"的意思是"询问""探问""质询""调查"[7]。《新英汉词典》里"inquiry"的意思是"询问""打听""质询""调查""(真理、知识等的)探究"[8]。按照美国国家科学教育标准中的定义,"科学探究也指学生构建知识、形成科学概念、领悟科学研究方法的各种活动"[9]。从这些文献和资料可以看出,"探究"就是"求索""求真""搜寻""质询""探问""调查""研究""检验""提问""质疑"等。探究学习是指学生围绕一定的问题、文本或材料,在教师的帮助和支持下,自主寻找或自主建构答案、意义、理解或信息的活动或过程[10]。探究学习的理论基础最早可以追溯到古希腊苏格拉底提出的著名的"产婆术",他强调教师通过不断地追问与反问,来催生学生心智的成熟。现代教育家杜威对探究学习的关注和探索更为集中且明确,提出了著名的教育思想"做中学"。"做中学"的思想,为探究学习奠定了深厚的理论基础。"做中学"就是在探究中学习,学生在

探究的基础上自主建构知识。

学生在探究学习中建构知识就是"立德树人"的过程。把教学目标仅仅局限于认知方面,是理性主义哲学思想的反映,也是习惯于把整体的事物分解为部分的思维方法的体现。然而,不能忽视的事实是,不管是学生,还是教师,他们不是以生命中的某一部分,而是以整体生命投入到教育教学活动之中。情感态度价值观是获取知识的动力和土壤,以知情协调和情感为教学的基本动力的探究学习是"立德树人"的重要途径。教育的最终目的,不仅仅是传授知识,更重要的是"将生命感、价值感'唤醒',它是人格心灵的'唤醒'"[11]。探究学习的价值除了体现为建构知识之外,更重要的价值就是学会学习,形成正确的世界观、人生观和价值观。"过去的学习方法是人家指出来的路你去走,新的学习方法是要自己去找路。"[12]"我们怎样学习,比学习什么要重要得多。"[13]而且,现代教育的观念应发生改变,过去的教育片面强调知识的基础性、系统性和全面性,忽视了学生的发展;片面强调基本技能的训练,忽视了对学生人文素养的培养。在探究的过程中学生可能遇到挫折、遭受失败,而探究学习可以充分调动学生的自主性、选择性、能动性和创造性,对学生受挫能力的培养、个性的塑造和人格的完善等更为重要。现代教育亦可以称为"价值教育",价值可以分为人文精神的"求善""求美"和科学精神的"求真""求实"。完美的教育,应是科学精神与人文精神之融合。"立德树人"的真谛在于,让学生从冷静之美、威严之美、沉思之美中,看待热烈之美、奔腾之美、鲜艳之美,那是艺术与科学共同孕育出来的特殊之美[14]。

3.建设校园文化,释放潜在课程育人功能

"文化"一词的拉丁文是"cultura",它的本意是对土地的耕耘,对作物的栽培,这也从侧面对"教育"一词做出了最好的诠释。教育不是政治,不是经济,而是一种文化。人们都生活在某一种文化之中,当人们对文化的意识越清晰时,教育就离人们越近。"文化涵盖了教育,教育是一切文化的支柱。"[15]文化有广义、中义和狭义之分,校园文化也是如此。这里探讨的校园文化是一种中义的,指精神文明方面的文化。校园文化是一种潜在课程,通过校园文化陶冶学生情操是道德教育的有效途径,它释放着巨大的育人功能。当然,校园文化育人功能的释放是一个长期的过程,不可能一蹴而就,教育工作者应有耐心、信心和恒心。没有良好的校园文化,"立德树人"、实施素质教育将是空谈。学校如果只是传递知识的平台,传统意义上的学校存在的价值就不大了,因为知识的传递完全可以由现代信息技术来完成。就育人而言，校园文化传递方式是无可替代的，它无时无刻、随时随地都在熏陶着人，影响着人，学生每天必须身历其境，无法回避，而且感同身受。一所历史悠久的学校，一定有着自己独特的校园文化，它是经过历史的积淀、凝练而来。校园文化是隐性教育资源，特别重要，也特别珍贵，这是一个学校的特色所在。当然，人处于环境中，并不是完全被动的，华生的环境决定论的观点是片面的，可以说，环境，尤其是观念环境以及文化环境，还是由人来决定和建设的。

校园文化的建设，重点不在技术方面，而在内容上。校园文化应该是"完美"的文化，它是学校之"善"、学校之"美"。直到今天，还没有什么比"真""善""美"更能体现出文化的"完美"。尊重文化就会走向文明与进步，轻视、忽视、蔑视文化就必定会走向野蛮与无知。任何拒绝"真""善""美"的时代，必然迎来"假""恶""丑"的社会。"信真""求真""叙真""写真"，这是校园文化建设的使命。"真"是人性的基石，没有它，"善"与"美"的大厦就无法建起来。"信真""求真""叙真""写真"，就是指要养成诚实的习惯，"养成诚实的习惯应该成为道德教育的主要目标"[16]。这是罗素在《教育论》中的基本观点。"信真"是前提，在此基础上，校园文化的建设还应该促进学生"求真""叙真""写真"，这是"立德树人"的目标之一。校园文化建设还应呵护好学生的"善根"，"求善"是"立德树人"的另一个目标。

4. 建立平等的师生关系，榜样示范育人

处理好人与人的关系是有效开展教育活动的保障。教育活动归根到底是人与人的交往，交往的纽带是关系。教育活动应"特别注重人，人与人的关系"[17]。当然，"维系人与人之间正常永久的关系，不能规避政治责任，不能脱离社会，不能抛弃家庭"[17]。师生之间的关系，直接影响学生的发展。罗素在《教育论》中提出，"从未受到恐吓的孩子必定诚实"[16]，也可以说，未受到恐吓的孩子，是不会"逃学"的。孩子都是很愿意去上学的，而不愿意留在家里，甚至身体不大舒服或者下雨、下雪，父母叫他不要去学校，他也一定要去，或者是哭着闹着要去，原因是学校里有他的玩伴，有他可以交往的伙伴。"交往需要"是人的根本需要，这是马斯洛需要层次理论的第三级，除了"生理需要""安全需要"之外，就是"交往需要"。孩子之所以出现"逃学"的现象，是因为他们在学校受到了不公正的待遇。比如，在学校受到了同学的欺负，受到了老师的惩罚。民主的、平等的、和谐

的师生关系是开展教育活动的前提,教师既为师,亦为友,最理想的师生关系应该是"良师益友"。

教师榜样示范对学生的全面发展具有重要的影响。在德育过程中,将教师作为学生学习的榜样,能使学生在不自觉效仿过程中接受道德观念潜移默化的洗礼。教师的言谈举止会对学生产生深刻的影响,有助于"立德树人"。课堂教学,就是教师影响学生的一个重要途径。课堂教学一般是从教师的讲授开始,教师的讲授应该是自我创造的展现。这是教师思想意识"最原汁原味"的展现方式。他们展现的不仅仅是一种思想流、意识流,更应该是一种问题流。学问、学问,问题就是学问的"细胞",一串串问题就生成了一堂课,一堂堂课就生成了一门课程。教师通过课堂教学展示自己广博的知识、深刻的思想、对待世界的亲和力、对待他人的真诚,学生透过这一切读到了一本终生难忘的"教科书"。这本厚重的"教科书"将惠泽社会,泽被莘莘学子。

5.开展组织活动,让学生"求真知""做真人"

活动是学问的来源。对学问的认知目前已发生了根本性的转变,所谓学问是指对问题有自己的想法,而且言之有理。这种想法不是空穴来风,而是在实践活动中通过发现问题、分析问题、解决问题得来的。以前,学生常以为学问全在书本中,求学就是读书,其实书本之外的学问还有很多,求学的途径不限于书本,有可能隐含在动脑、动手的活动中。求学不但劳心,亦需劳力。教育的过程是一个不断亲近自然的过程,即引导学生从实际的劳作和服务中,去求得真实的学问。行是知之始,就是这个道理。至于教育目的观,应由封建社会的"学而优则仕",转变为现代社会的"求真知""做真人"。教育的目的不是培养一些文弱的、特殊的"士大夫"阶级,而是培养各种有学术修养的专业人才。目前,对"士"或"学者"的认知也发生了根本性的转变。从前,"士"为一特殊的阶级,他们是一心只读圣贤书,两耳不闻窗外事。他们不事稼穑,也不躬耕陇亩,而是专心致志于八股文,追求功名利禄;今天,这种特殊的、脱离农工商的"士"逐渐减少,而产生了许多"农士""工士""商士"。简言之,从事一切职业的人,他们既是书生,也是实干家,"一切职业都将学术化"。

没有活动就没有成长,学生在活动之中成长。身体活动不仅仅是躯体的活动,它具有更高层次的功能,是和心智活动紧密联系的,而且身体活动和心智活动两者之间相互配合、相互依存、相互促进。学校活动多种多样,有共青团、少先队、学生会组织的活动,也有劳动与社会实践活动,还有课外活动和校外活动等。活动或作业是学生学习的核心,学生的学习不是按照学科知识的逻辑体系展开的,而是通过教师提供给学生的一系列的活动或作业来组织的。教师所提供的活动或作业,应与学生的家庭生活和邻里环境密切相关,应是与城市生活和乡村生活有关的事情。同时,提供的活动或作业应是典型的职业和与它们有关的社会方式的历史演变[18]。学校要为学生提供足够的体验活动,如交谈、建造、实验、表现等,使他们在道德上和智力上的个性得以发展,而不至于被书本所介绍的过多别人的经验所淹没[18]。

6. 建立以素质教育为导向的评价机制,促进学生全面发展

素质教育是在对当代中国教育反思的基础上提出来的。素质教育并不排斥道德教育、知识教育、审美教育和劳动教育,它的提出有其特殊的历史背景。在"文化大革命"期间,人们持续批判"智育第一",导致党的教育方针被搅乱,直到20世纪70年代末到80年代初党的教育方针才得以匡正,德育与智育对立的状况得以改变。随着高考制度的恢复,社会主义经济建设的大力发展,智育成为了当时教育的主流思想。到20世纪80年代中后期,人们普遍认为知识与能力是相统一的,能力的培养成为当时教育关注的主要方面。到20世纪90年代,我国加快了教育体制改革的步伐,逐步推行教学改革,突出了教育思想的变革,素质教育成为教育的核心思想。1994年,《中共中央关于进一步加强和改进学校德育工作的若干意见》指出:"增强适应时代发展、社会进步,以及建立社会主义市场经济体制的新要求和迫切需要的素质教育。"1999年,党中央、国务院发布了《关于深化教育改革,全面推进素质教育的决定》,对素质教育进行了全面阐述,提出"实施素质教育,必须把德育、智育、体育、美育等有机地统一在教育活动的各个环节中","让学生感受、理解知识产生的过程","寓德育于各学科教学之中"。素质教育应贯穿于学前教育、基础教育、高等教育、成人教育等各级各类教育之中,应融入学校教育、家庭教育和社会教育等各个方面。

我们应建立以素质教育为导向的评价机制,促进学生全面发展。实施素质教育,应树立德育为先、能力为重、全面发展的教育理念。教育的根本目的就是促进人的全面发展,然后作用于社会,推动社会的发展;社会的发展又反过来为人的全面发展提供有利条件。两者之间相辅相成,相互促进。"社会是以一定的物质生产活动为基础而相互联系的人们的总和,是人们相互作用的产物。"[19]社

会的发展进步,需要大量的有社会责任感、创新精神和实践能力的建设者,因此应摒弃传统教育重智轻德、单纯追求升学率的弊端,树立科学的教育质量观,将践行社会主义核心价值观融入学生评价指标体系,使之内化为学生的精神追求,外化为学生的自觉行动。以素质教育为导向的评价机制,应注重学生家国情怀的培养,强化学生的社会责任感,提高学生的个人修养,培养有理想信念、道德情操、扎实学问、审美情趣、健康身心的人,使之成为有国际视野、文化底蕴和共同理想的社会主义建设者和接班人。

参考文献

[1] 辞海编辑委员会.辞海[M].上海:上海辞书出版社,1982:1785,1292.

[2] 刘献君.大学之思与大学之道[M].武汉:华中理工大学出版社,2000:57.

[3] [美]多尔.后现代课程观[M].王红宇,译.北京:教育科学出版社,2000:240.

[4] [苏联]罗森塔尔,尤金.简明哲学辞典[M].北京:生活·读书·新知三联书店,1973:722.

[5] [德]赫尔巴特.普通教育学·教育学讲授纲要[M].李其龙,译.杭州:浙江教育出版社,2002:13.

[6] 顾明远.教育大辞典(第1卷)[M].上海:上海教育出版社,1990:178.

[7] 张方杰.牛津现代高级英汉双解词典[M].北京:商务印书馆,牛津大学出版社,1992:589.

[8] 新英汉词典编写组.新英汉词典[M].上海:上海英文出版社,1978:654.

[9] [美]国家研究理事会.美国国家科学教育标准[M].戢守志,译.北京:科学技术文献出版社,1999:30.

[10] 任长松.探究学习——学生知识的自主建构[M].北京:教育科学出版社,2005:29.

[11] 邹进.现代德国文化学[M].太原:山西教育出版社,1992:68.

[12] 杨振宁.杨振宁文集(上)[M].上海:华东师范大学出版社,1998:467.

[13] [美]珍妮特·沃斯,[新西兰]戈登·德莱顿.学习的革命(第二版)[M].顾瑞荣,陈标,许静,等译.上海:上海三联书店,1998:73.

[14] 张楚廷.张楚廷教育文集(第一卷)[M].长沙:湖南教育出版社,2007:294.

[15] 张楚廷.张楚廷教育文集(第九卷)[M].长沙:湖南教育出版社,2007:380.

[16] 任钟印.世界教育名著通览[M].武汉:湖北教育出版社,1994:1277,1277.

[17] 贺麟.文化与人生[M].北京:商务印书馆,2006:3,241.

[18][美]杜威.学校与社会·明日之学校[M].赵祥麟,任钟印,吴志宏,译.北京:人民教育出版社,1994:79,83.

[19]刘延勃,张弓长,马乾东,等.哲学词典[M].长春:吉林人民出版社,1983:363.

第一篇 立德树人

蔡元培德育思想与当今学校道德教育

丁小明 严 权

摘 要: 蔡元培的德育思想是我国德育史上优秀的重要精神遗产。研究蔡元培的德育思想对当今学校道德教育有着重要的启示作用:学校应坚持以人为本的道德教育理念,尊重学生在道德教育过程中的主体地位,重视道德教育内容的继承和创新,塑造学生健全的道德人格等。

关键词: 蔡元培;德育思想;主体地位;以人为本;健全人格

蔡元培是新文化运动的建设者和组织者,是近代著名的教育家、思想家。他一生始终追求光明、憎恶黑暗,坚持以爱国主义为基础的民族民主主义的立场,为近代中国反帝反封建的民主革命事业做出了重要贡献。他求贤若渴,虚心接受批评,包容攻击谩骂,绝不歧视报复,对青年学生爱之如亲生子女。他坚持原则,无私奉献,清廉简朴,言行一致,凡是劝告别人做的,他自己首先做到,言传身教,感人至深[1]。他崇高的品德为当世所共仰。在当时充满迷茫的社会背景下,蔡元培冷静地分析了中国传统道德思想与西方资产阶级道德思想的异同,提出了适合当时时代发展、融合中西方文化的新道德观。

一、蔡元培德育思想的核心内容

蔡元培一生致力于改革中国教育体系,为近代中国教育事业的发展做出了重大贡献,产生了重大而深远的影响。蔡元培的德育理论与实践成果,尤其值得我们研究并结合时代特征传承与创新。

文章来源:《教育评论》,2015年第9期,有修改。

(一)"德育为中坚"的德育地位

辛亥革命胜利不久的中国社会处于由君主时代向共和时代转变的阶段。蔡元培发表《对于教育方针之意见》一文,在深刻分析了君主时代教育和共和时代教育的内涵与特点的基础上,提出"德育为中坚、'五育'并举"的思想,即"军国民教育、实利主义教育、公民道德教育、世界观教育、美感教育皆近日之教育所不可偏废",并将公民道德教育置于中坚地位。蔡元培倡导以"五育"思想取代清朝的"忠君""尊孔"的教育思想。

(二)"养成共和国健全人格"的德育目标

蔡元培认为,教育的宗旨应是使国民养成共和国健全人格。蔡元培抨击清朝"忠君""尊孔"的教育思想,认为共和时代与君主时代的教育有着根本的区别,君主时代教育无视受教育者的主体性,将受教育者置于无条件接受、被动的地位。国民教育方针应从受教育者本体着想,有如何能力方能尽如何职责,受如何教育始能具如何能力[2]。蔡元培从新兴资产阶级利益出发,提出"五育"并举的教育方针,倡导"军国民教育、实利主义教育、公民道德教育、世界观教育和美感教育"协调全面发展。其中,德育居首位,是健全人格之根本。

蔡元培认为,若国民无健全的人格,国家不但不能繁荣昌盛,而且会日益衰弱[3]。因此,他强烈反对清朝"以养成科名士宦之材"为目的的教育,提出以培养"健全人格"为目标的教育方针,明确了资产阶级教育在近代中国的实施方向,对当时中华民族新一代的成长有着重要的影响。蔡元培的教育思想,特别是将"升官发财"的教育目标转变为"健全人格"的教育目标,对当前学校道德教育仍然有重要的现实价值。

(三)"自由、平等、博爱"的德育内容

关于德育内容,蔡元培认为道德之要旨尽在于自由、平等、亲爱[4],因此他主张用自由、平等、博爱作为道德教育的内容。蔡元培认为,道德就是人们所公认的、应当遵守的行为规范,这种规范根据时间、地点、民风习俗的变化而变化,并且道德教育的内容应有其合理的成分,道德不是一成不变的,有其演化的过程。这也正是他提倡新道德反对旧道德的依据。

蔡元培把西方资产阶级道德观念与中国的孔孟之道联系起来,认为传统的

"义""恕""仁",是一切道德之根源,是公民道德教育的主要内容。他试图把"自由""平等""博爱"比作"义""恕""仁",即试图站在"我"的立场,吸收、消化西方资产阶级的道德观念。应当说,他的这种认识在当时是十分可贵的。他反对封建社会以"三纲五常"为主的道德教育内容,针对当时社会的歪风邪气对青少年的影响和毒害,在北京大学组织"进德会",规范青年的道德行为,促使青年养成优良道德品质。

(四)身体力行的德育原则

蔡元培提出身体力行的德育原则。一方面,他认为封建君主时代的教育是"教育者预定一目的,而强迫受教育者以就之"[4],这种道德教育摧残人的个性,其目的是培养忠诚的封建卫道士。另一方面,他反对呆板的道德教育方法。他认为道德教育过程不是死记硬背一些名言警句,而在于践行[3]。身体力行是蔡元培道德教育的重要原则之一,他号召青年学生砥德励行、以身作则,抵制"风俗日偷,道德沦丧"等"败德毁行之事"[3]。

此外,学生是德育的主体,开展道德教育时应遵循受教育者自身发展规律。蔡元培说:"在深知儿童发展之程序,而择种种适当方法以助之。如农学家之于植物焉,干则灌溉之,弱则支持之,畏寒则置之温室,需食则资以肥料,好光则复以有色之玻璃;其间种类之别,多寡之量,皆几经实验之结果,而后选定之;且随时实验,随时改良,决不敢挟成见以从事焉。"[4]因此,他注重受教育者自身的发展规律,强调德育要适应受教育者身心发展的实际,并能充分发挥受教育者的主体性和创造性。

二、蔡元培德育思想对当今学校道德教育的重要启示

随着社会主义市场经济的发展和不断完善,当代中国急剧变化的社会经济生活对人们的思想观念和行为方式形成了前所未有的冲击,不同程度地拷问着人们的道德信念、道德选择和道德行为。甚至可以说,现阶段我们所面临的道德建设任务比以往更加紧迫、更加艰巨。历史总是在前进,继承传统与改进创新相结合,是社会主义道德建设的重要原则。因此,现今研究蔡元培的德育思想,对当今学校道德教育有着重要的现实意义。

（一）尊重学生在道德教育中的主体地位

德育主体性原则就是在德育过程中明确学生的主体地位，让学生成为具有自主性、能动性和超越性的德育主体。因为教育是帮助受教育者形成健全的人格，且不断锤炼自身的能力，而不是将他们培养成为一种器具，给有他种目的人任意应用[3]。人是道德教育的主体，人的道德品质不是先天具有的"善端"的显现，也不是人"自由意志"活动的结果，而是人在后天的社会实践中，在一定的道德认知基础上，通过道德意志的自觉磨炼，在道德行为中表现出来的比较稳定的道德倾向，是一定社会或阶级道德原则和规范在个体身上的体现。

道德教育不是空洞的说教，而重在实践。实践是人有目的、有意识的活动，对道德价值起决定性作用。无论是道德选择、道德行为还是道德交往，都深深蕴含着人实践的精神和精神的实践。可以说，没有实践就没有道德教育。道德教育就是主体在道德教育过程中的能动实践过程，人们在这一过程中根据一定的道德规范自觉地进行自我反思，并在道德实践中自觉地改造自己，提高道德品质、思想境界，不断地实践—认识—再实践—再认识。

尊重学生在道德教育过程中的主体地位，重要的是坚持"行胜于言"，充分实现道德认知与道德行为间的和谐统一。社会主义学校反对剥削阶级的抽象人性论，强调将个人的自我教育与改造社会的实践结合起来。社会主义学校道德教育应该紧密联系实践，把道德教育融入学生的日常学习生活中，鼓励学生大胆进行道德教育实践。在信息社会，道德教育过程中的知、情、意、行间的逻辑关系不再以知为始，而是逐步向情、意、行递进，德育主体情感和行为自觉性、感受力在道德教育过程中的作用越来越大。因此，如果没有给予道德主体在德育发展中应有的主体地位，道德教育的实践就会遭遇尴尬，变得低效。

（二）坚持以人为本的道德教育理念

以人为本、尊重人、关心人已成为当代各国文化最基本的核心价值观。学校德育以"人"为目的，就要通过创造向善、健康的人性环境，培养和造就充满活力、富有智慧的思想品德[5]。道德教育的目的是塑造健全人格，而不是为了教育而教育。

以人为本的道德教育，就是要求从受教育者本身出发，遵循以人为本的育人原则。落实以人为本的道德教育理念，就是要尊重并理解人的需要，从人的生存

和发展出发,考虑一切问题。道德教育应坚持以人为本的道德教育理念,培养人的伦理精神,激发人的精神动力,以满足人的各种发展需要。但是,从我国学校德育的现状来看,道德教育基本停留在"教会顺从"的状态,忽略了学生资质个性等具体情况,使用单一机械的办法教育学生,"如吾人之处置无机物然"[6],导致学生没有很好地享受到自主选择道德生活的权利。走出这种道德教育困境的唯一方法,就是在教育过程中倡导以人为本的道德教育理念,从人的需要出发,为实现个人不同种类和层次的需要创设良好条件。

(三)重视道德教育内容的继承和创新

道德教育内容具有继承性和创新性的特点。首先,道德归根到底是由社会的经济基础决定的,并随着社会发展而变化,因而有一定的创新性。其次,道德有相对的独立性,即道德在发展过程中具有自身的历史继承性。道德建设是人类道德合乎规律的发展,我们应批判地继承历代劳动人民的道德遗产,取其精华,去其糟粕,反对历史虚无主义和复古主义。

学校德育内容应符合道德教育规律,具有准确的针对性,贴近学生的现实生活。面对新挑战,学校需要创新德育目标,避免泛政治化倾向。同时,也要根据学生身心发展规律,确定学生在某一阶段的具体目标,使德育过程方向明确。正如蔡元培所强调,修身之法不能只背诵,也不能仅靠教师讲解,而应联系实际,激发学生的兴趣,使学生形成将德育内容践行的意识[4]。因此,社会主义学校道德教育内容应该与时俱进,把握时代发展对学校人才培养提出的新要求,培养学生的全球意识,以及树立正确的竞争意识、平等意识、合作意识。

我国社会主义学校德育内容经历了"五讲四美三热爱""讲文明、树新风""树立社会主义荣辱观"等各个阶段,学校道德教育内容建设的步伐从未停歇。教师在教育活动中,要善于将教书和育人结合起来,使科学发展观和社会主义核心价值体系相互贯穿、渗透。当然,经济社会的发展也对道德建设提出了新的要求,我们要善于总结、改革创新,提升学校道德内容的时效性。

(四)培养学生健全的道德人格

人格在个人身心发展中有着重要作用,是构成个体思想、情感及行为的特有的统合模式,具有内在的一致性。人格的统合性是心理健康的重要指标。当个体的人格结构和谐统一,其人格就是健康的。当面对挫折与失败时,坚强者能发奋拼搏,懦弱者会一蹶不振,这就是人格功能的体现。

当今学校道德建设的根本任务就是培养学生的健全人格。蔡元培的德育目标是培养健全人格的国民,反对枯燥、退化的旧生活,提倡丰富、进步的新生活,并且认为"要是有一个人肯日日做工,日日求学,便是一个新生活的人;有一个团体里的人,都是日日做工,日日求学,便是一个新生活的团体;世界的人都是日日做工,日日求学,那就是新生活的世界了"[6]。在不同的经济和社会条件下,人们具有不同的道德人格。健全的人格应该表现为有高尚的道德追求,在社会主义社会建设中,有健全人格的人应该积极践行社会主义核心价值观。

参考文献

[1] 金林祥.蔡元培教育思想研究[M].沈阳:辽宁教育出版社,1994:14.
[2] 张汹伦.文化融合与道德教化——蔡元培文选[M].上海:上海运东出版社,1994:10.
[3] 高平叔.蔡元培教育文选[M].北京:人民教育出版社,1980:14,23,23,61.
[4] 高平叔.蔡元培全集(第二卷)[M].北京:中华书局,1984:131,209,134,346.
[5] 杜灵来.当代中国道德建设实效性研究[M].北京:中国社会科学出版社,2008:123.
[6] 高平叔.蔡元培全集(第三卷)[M].北京:中华书局,1984:214,454.

论潜在课程德育功能及其发挥
——基于贝塔朗菲"系统论"

严 权

摘 要：为了进一步落实教育的根本任务——立德树人，教育部首次提出了"十大"育人体系。其中，"课程育人"是重要的体系之一。学生在学校不仅可以从显性课程获得读、写、算和思想态度的发展，还可以从潜在课程中得到没有显现出来的价值上、规范上的陶冶。依据贝塔朗菲"系统论"可知，道德心理结构中的知、情、意、行是交互发展的统一系统。为促进潜在课程德育功能的有效释放，本文认为，应突出校园文化的建设，提高学生的道德认知水平；强化校风、班风、学风等的建设，培养学生的道德情感；重视人际交往的开展，磨炼学生的道德意志；增强组织活动的开展力度，强化学生的道德行为。

关键词：潜在课程；德育；系统论；功能；策略

一、潜在课程德育内涵

潜在课程的研究也不过只有 50 多年的历史。潜在课程的研究，起源于西方，到目前为止，先后出现了功能主义学派、解释论学派和新马克思主义学派。西方对潜在课程的研究发生了转型，由关注理论的研究转向注重实践的探索，开始探讨潜在课程在不用领域的功能。然而，我国学者对潜在课程的关注比较晚，直到 20 世纪 80 年代才开始研究潜在课程，而且我国学者对潜在课程的研究往往受到西方相关研究成果的影响。

潜在课程是"教育论文中的一个公认的术语"[1]。对潜在课程概念的界定，

文章来源：《荆楚学刊》，2019 年 6 月，有修改。

既是进行理论研究的出发点,也是对已有的研究成果的归纳和综合。1968年美国学者杰克森(Jackson)在他出版的《教室的生活》(*Life in Classroom*)中,首次探讨了潜在课程这个概念。他认为教室里的常规(routine)、规则(rule)和法规(regulation)这些不明显的学校特征形成了独特的学校气氛,它们就是潜在课程,而且对学生的社会化有着重要的影响作用。随后,1972年布鲁姆(Bloom)在他的《教育学的无知》(*Innocence in Education*)一书中正式使用了显露课程和潜在课程这两个概念。他认为学校的组织方式、人际关系等社会学、心理学和人类文化学的因素对学生人生观、世界观和价值观的形成具有潜移默化的影响作用。接着,瓦兰斯(Vallance)在以往研究的基础上,把潜在课程分为两类。一类是强调潜在课程无意图的、不知不觉的影响,另一类是强调潜在课程的"隐蔽性"或"意图性"[2]。也就是说,潜在课程建设由不知不觉地潜移默化的影响转变为有意识的开发。总而言之,潜在课程对学生主要是隐含的、无意的和非预期的影响,是一种非学术性学习的结果。潜在课程,一般来说,包括校园文化、人际交往、校风、班风、学风、组织活动等要素。潜在课程具有重要的立德树人的价值,和显性课程一道共同构成育人的课程体系,它同样具有重要的育人作用。显性课程,如"思想品德""政治""法纪和道德"等课程与其他的学科课程,都是重要的德育资源。例如,学科课程"数学""不仅仅是对数量、空间和函数关系的理解,而且是一种对待现实的态度"[3]。人文课程也是重要的德育资源,它对学生具有非常大的陶冶价值。人文课程对学生的陶冶价值在于使学生了解历史、参与历史,了解人的可能性之广度。"以神话、图片、人类的精神作品和人类自身的内涵来充实人们的灵魂,这本身就已具有极大的陶冶价值。"[4]学校里的道德教育并不局限于专门开设的德育课程,学校开设的所有学科课程及其实施过程都蕴含着大量的育人因素,这就是课程德育。通常情况下,人们比较重视通过学科课程进行德育,而且它也是学校德育的主要途径。然而,科尔伯格(Kohlberg),美国著名的道德教育理论家,认为隐性课程作为道德教育的重要手段,比显性课程来得更有力[5]。学生不仅可以从学校所开设的显性课程中获得读、写、算以及思想态度的发展,而且还可以从校园文化、人际交往、校风、班风、学风、组织活动等潜在课程要素中得到没有显现出来的价值上、规范上的陶冶,这就是所谓的潜在课程德育。

二、潜在课程的德育功能

立德树人作为教育的根本任务,是十八大、十九大以来党的重要教育方针政策。为了全面落实党的教育方针政策,教育部非常重视思想政治工作的质量,开展并实施了提升思想政治工作水平的工程,首次明确提出了"十大育人"体系,即课程、科研、实践、文化、组织、心理、管理、网络、资助、服务育人。其中,"课程育人"在"十大育人"体系中占据首要的位置。在各级各类学校教育实践中,显性课程的育人功能往往受到了人们重视,然而潜在课程的育人功能的重要性却被忽视了。和显性课程一样,潜在课程对学生的影响是全方位的、深刻的,它对学生各种素质培养都有着一定的影响。潜在课程是一种重要的课程类型,虽然它是以隐性的形式存在于学校教育之中,但是潜在课程对促进学生思想品德的发展起着重要的作用。显性课程的德育功能,由于受到时间和空间的限制,往往有其自身的局限性。潜在课程贯穿在学校教育的全过程,对学生的道德教育有着不可估量的价值。

(一)潜在课程可促进学生道德认知水平的提高

道德认知是人们对道德现象、道德关系、道德规范以及履行义务的认知。道德认知包括道德概念、道德观念、道德信念和道德评价等方面。道德认知是德育的起点,是人们形成与发展自身品德的前提,是人们面对客观事物而确定自己主观态度、行为准则的内在依据。培养学生的道德品质,总是从提高学生的道德认知水平开始,道德认知水平的提高是提高学生道德水平的必要条件。要想提高学生的道德水平,首先必须提高学生的道德认知水平,没有正确的道德认知,就没有正确的道德行为。因此,学校德育工作往往从提高学生道德认知水平开始。学校的物质条件、文化传统、集体规范、人际关系、教师的言谈举止、教室的布置等,这些现实的学校环境都会使学生自觉或不自觉地从中接受人们所公认的或由学校所倡导的价值观与道德观[6]。学校的物质条件、文化传统、集体规范、人际关系、教师的言谈举止、教室的布置等隐性课程所提供的可感知的、生动的、具体的环境,能够提升学生对民主、正义、公平、善恶、公私、荣辱、是非、美丑的识别能力,使学生逐步掌握道德概念、形成道德信念、提高道德评价能力,进而提升道德认知水平。

(二)潜在课程可促进学生道德情感的培养

道德情感是以道德认知为前提而产生的一种内心体验。这种内心体验往往是在了解、认识、理解和评价客观事物时,根据一定的道德需要而产生的。道德情感是对人们道德需要的反映,它是人们对客观现实是否满足自己道德需要而产生的一种态度体验。道德情感的产生,往往取决于人们已有的道德认知。学生获得对某一客观事物完整的情感价值,是要以学生获得对这一事物完整的概念认知为前提的。一定的道德情感对某一道德行为往往起着巨大的推动和调节作用,它是道德认知、道德意志、道德行为的内部动力。"没有人的情感,就从来没有也不可能有人对真理的追求。"[7]在道德教育中,学生丰富、深刻、积极且稳定的道德情感非常重要,培养学生的道德品质不能忽视学生道德情感的培养。道德情感的培养,往往是在一定的道德活动情境中产生的,不可能通过枯燥无味的说教来实现。校园文化、人际交往、校风、班风、学风、组织活动等潜在课程可以创设有教育意义的情境和氛围,为学生提供各种集体交往活动,通过教师的言传身教、榜样的示范等方式,使学生在愉悦的体验中不知不觉地陶冶思想情操。

(三)潜在课程可促进学生道德意志的磨炼

道德意志是指为完成预定的道德目的而自觉克服一定的障碍,坚持和改变道德行为方式时所表现出来的意志品质[8]。道德意志体现在实现道德目标过程中,支持与控制某一行为的内部力量中,它在道德的形成与发展中起着调控作用。道德意志是调节人们行为的精神力量,它是人们能否达到一定道德水平的重要条件。在确定某一道德行为时,道德意志表现为能够克服各种干扰与障碍,以理性战胜非理性,按照这个目标将道德行为坚持下去,使道德行为具有一致性、连贯性和持久性。对学生道德意志的培养既要提高学生的道德认知水平,坚定道德信念,增强意志力量,又要重视实践锻炼,磨炼坚强的意志。校园文化、人际交往、校风、班风、学风、组织活动等潜在课程能够形成典型的道德场景,激发学生产生一定的道德动机,确立道德行为目标,完成道德行为,获得积极的道德评价,从而有效地促进学生道德意志的磨炼。

(四)潜在课程可促进学生道德行为习惯的养成

道德行为是人们根据道德要求而表现出来的言论与行动。道德行为是在道德认知、道德情感、道德意志的推动下而产生的外显行为,是人们对他人和社会产生的有道德意义的活动。人的活动是有意识的,在道德意志的支配下人的道德行为经过多次的反复和实践,便可能以固定的方式确定下来,从而形成道德行为习惯。道德行为习惯是人们的道德观念在行为上的体现,它是衡量一个人思想品德高低的重要标准。道德是一种思想观念,思想观念只有通过行动体现出来,才能表现个人的品德。道德行为是道德教育的关键,也是道德教育的结果。在对学生进行道德教育时,不仅要重视学生道德观念的形成,更要重视道德行为习惯的养成。学校的物质环境、制度环境以及社会心理环境等这些重要的潜在课程,都蕴含着学校和社会遵循的一定的价值理念和道德要求,学生在归属感的驱使下就要不断地调整、规范和约束自己的思想与行为,使自己的思想与行为符合社会和学校遵循的价值理念和道德要求。

三、基于贝塔朗菲"系统论"的潜在课程德育功能释放

(一)潜在课程德育功能释放的理论基础

"系统"一词,相当流行。"系统"这个概念不仅融入人们日常的思维、言谈之中,而且已经普及到不同的科学领域。为此,学术界专门出版了大量书籍,举行了会议并开设了课程。系统思想源远流长,但科学系统论是美籍奥地利人冯·贝塔朗菲①,这位著名的理论生物学家提出来的。近些年来,产生了很多以系统分析、系统设计、系统工程等命名的职业和工作[9]。现代社会和现代技术很复杂,传统的方法与手段不能解决当今社会所面临的一些问题,人们需要运用整体或系统的方法去思考和解决这些问题。实质上存在"系统"问题,即关于大量"变量"的相互关系问题是不容争议的[9]。"整体大于部分之和",这个观点的内涵就是,整体所构成特征不能简单地由孤立的各部分的特征来说明。虽然我们可以设想某个总和是逐渐形成的,但作为具有相互关系的部分的总体的系统必须设想为瞬时间形成的[9]。

结构功能相关率是"系统论"的基本定律。结构功能相关率是关于结构与功能之间相辅相成、相互依托、相互转化的规律。该定律认为,结构与功能是辩证

---

① 学术研究中多使用冯·贝塔朗菲这一中文翻译名,1987 年由社会科学文献出版社出版的《一般系统论》一书中将作者名译为冯·贝塔兰菲,本书以前一种译名来论述。

统一的关系,既有区别,又有联系;既相互影响,又相互依存。结构功能相关率中的结构,反映了系统内部各个要素之间的依存方式,是从内部反映系统的整体性;功能则表现出系统与环境的相互作用、相互联系所反映出的结果。结构与功能是辩证统一的,两者之间相互作用、相互依存,没有结构就无所谓的功能;反之亦然,功能又在一定的程度上对结构产生一定的反作用。系统在结构与功能两者之间不断地作用与反作用的过程中,得到不断的发展与演化。

结构功能相关率为潜在课程德育功能的释放提供了理论基础。为使潜在课程德育功能得以释放,首先要优化道德心理结构内部各要素,理顺道德心理结构内部各要素之间的关系;其次要把道德心理结构的知、情、意、行四个要素加以严密组织,使它们和谐有序。如果忽视了道德心理结构中的一部分要素,而片面强调另外一部分要素,就不可能形成一个完整的结构,潜在课程德育功能就难以释放。道德品质的发展是指品德各个要素协调统一发展,是品德形式和内容的统一发展[10]。在道德心理结构中,道德的四种心理成分始终是处在一个互动、开放的统一体中,它们之间不是单独割裂开来的,而是互为前提、相互制约和相互促进的。

道德心理结构的各个成分是相互影响、相互作用的统一系统。道德心理结构中的知、情、意、行是道德形成的基本成分,它们在道德形成中有各自的地位和作用。它们既相对独立,又相互渗透,只有促进它们和谐统一发展,道德品质才能发展。道德教育过程,就是道德心理结构知、情、意、行的相互联系、相互促进、相互制约、相互转化,从低级到高级、从简单到复杂、从旧的质变到新的质变的发展变化过程。在道德心理结构中,哪一种要素是核心,占主导与支配地位,取决于主体与情境、事件的性质及完成事情的难易程度。某一种道德行为,可能与不同的道德认知、道德情感有关联,道德认知与道德情感、道德行为之间的联系也可能存在着一定的冲突。在道德教育的过程中,要注意这四个因素的整体功能,不要把它们割裂开,也不要只对某一方面施加影响,而忽视其他因素。只有这四个因素相辅相成,构成一个统一的系统,才能有效促进道德品质的形成与发展。

道德心理结构中的四种成分和谐统一,才能产生德育功效。道德认知是道德心理结构的思想基础。道德中的善的体现依赖于道德认知。"要使一件事情成为善的,只是合乎道德规律还不够,而且必须同时也是为了道德而做出的。"[11]如果一件事情是合乎道德的,行动者的内心必然有一个自觉的道德意图。这个道德意图不是凭空而来的,显然它要取决于一定的道德认知。道德认知对道德情感发挥着重要的影响作用,道德情感的产生来源于道德认知,道德情感的激发又会促进道德认知水平的提高。道德意志是通过一系列的行动体现出来。只有支配道德行为的道德意志,才有现实价值。道德认知对道德行为也产生着重要的影响,有什么样的道德认知就会产生什么样的道德行为。道德行为是道德心理结构的外部标志与具体表现,它是在道德知、情、意的基础上形成与发展的。道德行为是通过一定的训练、练习掌握行为技能并逐步养成合乎道德的行为习惯。道德行为是道德心理结构知、情、意、行循环中的终端环节,也是更高层次循环中的出发点和依据。道德行为既可以检验道德认知、道德情感和道德意志,也可以促进道德认知水平的提高、道德情感的增强、道德意志的磨炼。道德认知、道德情感、道德意志和道德行为四种成分交织在一起,相互影响,密不可分。道德认知是基础,道德行为是关键,道德情感和道德意志在道德认知和道德行为的转化中起着重要的调节作用。

(二)潜在课程德育功能释放的策略

立德树人是开展思想政治工作应坚持的基本要求。贯彻落实党的十九大精神,以习近平新时代中国特色社会主义思想为指导,结合教育教学实际,加强潜在课程建设与潜在课程育人的研究,对丰富和发展思想政治工作理论与实践成果具有重要的促进作用。

道德的形成是道德心理结构知、情、意、行共同发挥作用的结果。道德认知、道德情感、道德意志和道德行为相互制约、相互影响、相互渗透。只有提高道德认知水平,才能理性地指导道德情感的培养;只有形成坚强的道德意志,才能养成自觉性思想道德行为习惯。反之亦然,道德情感、道德意志的力量又有助于加深道德认知;加强道德行为的实践,同时又可以促进道德认知水平的提高、道德情感的培养、道德意志的磨炼,进而养成道德行为习惯。任何德育实践与改革,如果不进入课程层面的建设与研究,都不会有什么实际的意义。只有加强对潜在课程的研究与建设,才能有效地促进课程育人功能的释放。建设好校园文化、人际交往、校风、班风、学风、组织活动等潜在课程,才能使学生得到没有显现出来的价值上、规范上的陶冶,从而促进学生素质的全面提升。文章认为,为有效促使潜在课程德育功能的释放,应该注意以下几个方面。

1.突出校园文化建设,提高学生的道德认知水平

学校有固定的社会结构和错综复杂的人际关系,有其他社会化结构所没有的典礼、仪式、校规、校训等,这些便构成了校园文化。校园文化包含教师群体所代表的文化,也包含学生群体所代表的文化,当然也包含课程所代表的文化。这三个构成因素或相互对立或相互支持,只有当这三者相互补充、协调一致时,才能对学生的道德认知水平的提高起到一定的促进作用。校园文化是潜在课程的主要资源,它包含物质文化、精神文化和制度文化、网络文化,这些都是主要的德育资源。道德教育"不是某时某刻的事情,而是每时每刻的事情"[12]。校园文化总是时时刻刻熏陶着人,规范着人,建设校园文化是促进潜在课程德育功能释放的重要途径。

校园文化能够促进学生道德认知水平的提高。关于道德认知,"它们本身在道德上也许是不偏不倚的,或者是不道德的,或者是道德的"[13]。校园文化总是渗透着一定的德育目标,教师的言传身教总是引导正确的价值观念和道德认知。学生道德认知的发展是一个从少到多、从简单到复杂、从混沌到有序的过程。提高学生道德认识水平,就是让学生获得道德印象、掌握道德概念、提高道德评价和道德判断能力、产生道德信念以及形成道德观念的过程。学校的组织、制度总是具有一定的价值、规范与态度,学生在学校生活中受到组织、制度的约束和影响,从而逐步地被社会化,即在特定的社会文化环境中,学习和掌握知识、技能、语言、规范并形成价值观等。学校的这些物质、精神、制度层面的校园文化,能够使学生耳濡目染,在潜移默化中提高道德认知水平。

2. 强化校风、班风、学风等的建设,培养学生的道德情感

校风、班风、学风等属于文化层面的潜在课程。校风是学校学生的政治思想、遵纪守法、文明礼仪和人际关系的综合表现。班风是班级成员的精神状态,表现为班级成员中占主导地位的群体意识、情绪状态、价值倾向和行为取向等。学风是学生在学习活动中的学习态度、学习精神、学习动机和学习方法的综合体现。积极的校风、班风、学风等潜在课程要素能够营造良好的道德环境,学生优良的道德品质的形成与道德环境是分不开的。道德教育存在于极其具体、真实的生活情境中[14]。个体对道德认知信息的接受是以情感的活动为初始线索。正是因为如此,在进行道德教育时才可以设计各种情境,通过学生无意识的联想激发起来的移情效应使学生不断积累、丰富情绪体验。良好的德育环境的潜移默化的暗示教育效果,往往是一些显性课程德育所不能比拟的。

校风、班风、学风是培养道德情感的重要环境。校风、班风、学风等德育环境

能够使学生在耳濡目染、潜移默化的影响中达到受教育的目的。学生无论在哪里,这些校风、班风、学风都使他们不知不觉地受到"润物细无声"的良好的暗示影响。校风、班风、学风对学生道德情感培养的暗示影响作用不容忽视,它具有潜隐性、持久性、广泛性等特点,这种影响一旦形成将伴随受教育者终生。这些影响是暗示的、隐藏的,不像显性课程那样具有明显的规定性,学生不会产生一种高不可攀的畏惧情绪,或被牵制、被牵引的反感情绪。良好的校风、班风和学风等以大众传播媒介为载体的德育环境,可以使学生充分地得到一种自由,一种解脱,让学生在无精神压力、无思想负担的环境中自主活动、自觉参与,在有意或无意中得到感化,能够时时刻刻培养学生的道德情感。

3. 重视人际交往的开展,磨炼学生的道德意志

交往是人与人之间的相互沟通、相互作用的基本行为方式,也是人类特有的一种高级活动。交往是通过语言或非语言手段交流思想感情,现代信息社会,信息的交往越来越重要,交往对人的思想品德形成也越来越重要。人的思想品德是在交往中形成,又通过交往表现出来的,交往是思想品德形成的基础。人际交往这类潜在课程具有一定的优势,它契合了学生善于模仿、易受影响的性格特征。在人际交往中,可通过榜样示范,凸显"身教"的育人价值。道德意志的磨炼离不开人的内在约束,而内在约束意识的培养又离不开外在的人际交往的约束,"内在的约束即外在约束的内在表达"[12]。

在人际交往活动过程中学生的道德意志得到磨炼。道德意志不能自动作用于人,也不能仅仅依靠间接经验传授于人,而必须在人际交往中让学生亲自去感受它、体悟它。离开了人际交往,道德意志的磨炼将停滞不前。缺乏深感兴趣的外部活动,这样势必导致学生内部思想情感活动窒息。离开了人际交往,学生的身心得不到发展,道德意志也就不可能形成。人际交往对学生道德意志的磨炼而言至关重要,但是并不是所有的人际交往都具有教育作用。因此,指导学生进行人际交往时应注意教育性,必须使人际交往的德育目的与学生思想品德的发展特点及水平保持一致。

4. 积极开展组织活动,强化学生的道德行为

组织活动的形式是多种多样的。按照道德活动所起的作用来分有社会实践活动、课外与校外活动、共青团少先队与学生会组织的活动等。这些活动具有趣味性、自主性与实践性的特点,对培养和发展学生的兴趣爱好,陶冶情操,增长才干,培养学生良好的道德行为习惯具有重要的意义。在中外教育史上,凡是重视思想品德教育的教育工作者,都不是只将德育的研究停留在道德认知上,而是特别突出道德实践。道德品质的形成,是一个知、情、意、行的过程,组织活动是一个重要的环节。没有组织活动,就没有所谓的德育。组织活动是按照思想品德形成和发展的规律组织和实施的,它在道德教育中具有极其重要的作用。

学生的品德是在各种组织活动中形成与发展的。组织活动是培育道德行为习惯的重要环节,实现着主体与客体的相互转化的过程。道德教育"就像爱和友谊一样,存在于这种情感的亲身体验中"[14]。学生的思想品德通过各种活动形成和发展,当然,学生已经形成的思想品德又可以调节以后的活动。组织活动,不仅使德育得以实现,而且按照社会对受教育者的思想道德要求,对德育的发展方向起着规范和保障作用。在组织活动中,客观的道德规范、道德要求时时刻刻约束、影响活动的主体。学校里的组织活动具有德育功能,它是按照德育目标要求组织起来的,是在教育者的指导下进行的。学生在校内外生活和学习的全部时间及空间,都是进行道德活动的空间和时间。为此,学校要积极开展多种多样的组织活动,依据学生的年龄和身心健康状况合理安排活动的时间和空间,形成多种道德活动相结合的合力网络,从而促进学生道德行为有效形成。

参考文献

[1] ASSOR A, GORDEN D. The Implicit Learning Theory of Hidden Curriculum Research [J]. Journal of Curriculum Studies, 1987(19):4.

[2] 钟启泉.现代课程论[M].上海:上海教育出版社,1989:183.

[3] 苏霍姆林斯基.苏霍姆林斯基选集(第一卷)[M].蔡汀,王义高,祖晶,译.北京:教育科学出版社,2001:132.

[4] [德]卡尔·雅斯贝尔斯.什么是教育[M].邹进,译.北京:三联书社,1991:115.

[5] KOHLBERG L, HERSH R H. Moral Development: A Review of Theory [J]. Theory into Practice, 1977(2):9.

[6] 田慧生.论学校德育场的德育功能[J].教育理论与实践,1993(4):36.

[7] 列宁.列宁全集(第20卷)[M].北京:人民教育出版社,1958:55.

[8] 顾明远.教育大辞典(上卷)[M].上海:上海教育出版社,1998:241.

[9] [奥]路德维希·冯·贝塔兰菲.一般系统论[M].秋同,袁嘉新,译.北京:社会科学文

献出版社,1987.

[10] 戚万学,唐汉卫.现代道德教育专题研究[M].北京:教育科学出版社,2005:51.

[11] [德]康德.道德形而上学原理[M].苗力田,译.上海:上海人民出版社,1986:38.

[12] [法]爱弥儿·涂尔干.道德教育[M].陈光金,等译.上海:上海人民出版社,2001:123.

[13] [美]杜威.道德教育原理[M].王承绪,等译.杭州:浙江教育出版社,2003:8.

[14] 范梅南.教学机智——教育智慧的意蕴[M].李树英,译.北京:教育科学出版社,2001:43.

重温赫尔巴特道德教育思想

严 权

摘 要：赫尔巴特在实践哲学的基础上提出了"内心自由""完善""仁慈""正义""公平或报偿"的德育目的，在心理学的基础上提出了教育性教学的德育原则，管理、训育和教学的德育手段，回归儿童的生活世界和人类历史文化的德育内容。重温赫尔巴特道德教育思想对当今提出的课程思政教育理念、立德树人教育任务，培养全面发展的社会主义建设者和接班人，具有极其重要的现实意义。

关键词：赫尔巴特；德育教育；德育目的；德育原则；德育手段

赫尔巴特（Herbart）的教育理论是在实践哲学和心理学的基础上建立起来的，因而具有坚实的理论基础、科学的研究方法与内容。德国著名教育史学家鲍尔生（Paulsen）认为："在很长的时间里，人们把'赫尔巴特理论'和'科学教育理论'作为同义词。"[1]赫尔巴特的教育理论"不但支配了德意志，而且普及到全世界，改变了千百年来东西洋教育界的趋势"[2]。在长期教育实践与理论研究的基础上，赫尔巴特致力于把教育学建设成为一门独立的科学，并形成了自己的教育思想体系。赫尔巴特教育思想体系的理论基础是实践哲学和心理学，他曾明确指出"教育作为一门科学，是以实践哲学和心理学为基础的"[3]。

一、道德教育目的

赫尔巴特的道德教育目的是在实践哲学的理论基础上提出的。赫尔巴特在

文章来源：《教育评论》，2019年第4期，有修改。

反对康德伦理学中先验主义与宿命论的基础上,形成了自己的实践哲学。宿命论者与先验主义者根本不相信教育学,也不承认学生是可以变化发展的,根本不接受"由不定型向定型过渡的可塑性的概念"[3]。"教育学的基本概念则是学生的可塑性。"[3]基于学生的可塑性,在实践哲学(伦理学)的基础上赫尔巴特提出了以下五种道德观念,即"内心自由"(inner freedom)的观念、"完善"(perfection)的观念、"仁慈"(good-will)的观念、"正义"(justice)的观念、"公平或报偿"(equity)的观念。"内心自由"指一个人具有正确的道德思想观念,能够按照道德规范行事,并将在一个人的身上发展成为根深蒂固的道德行为;"完善"指一个人要求身心健康和完美,并且能够对此产生正确的评价;"仁慈"指师生关系民主、平等、和谐,要求教师要尊重学生,避免简单粗暴的教学方式,不要侮辱和恶意刺激学生,以免造成不良的后果,"但也有必要唤醒学生对仁慈的尊重"[3];"正义"要求学生遵规守纪,不要争吵,一旦发生了争吵应该作出深刻反省,巩固对正义的尊重;"公平或报偿"指对一个人恶行的惩罚,善有善报、恶有恶报,提示学生在故意作祟之前三思而行。赫尔巴特认为,以上五种观念是使世界秩序得以巩固的永恒真理,意志道德的一切类型都包含在这五种道德观念中。其中,涉及个人修养的是"内心自由""完善",涉及为人处世的是"仁慈""正义""公平或报偿"。

道德教育目的是社会对教育要造就的社会个体的道德品质的总设想或规定。道德教育目的是教育活动的行动指南,是对人身心素质做出的规定,也是对人的社会价值做出的规定。赫尔巴特认为:"人的价值不存在于知识而存在于意愿之中,意愿扎根于思想范围之中。"[3]赫尔巴特重视人的教养的养成,认为人的最高目的就是道德的培养,因此教育的最高目的就是德性的养成。赫尔巴特在此基础上把教育目的分为"可能的目的"与"必要的目的"。"可能的目的"指儿童将来作为成年人所要确立的目的,与儿童未来从事的职业有关,是教育者当前应该关心的问题。教育者要为儿童未来着想,"必须使孩子顺利地达到这些目的而事先使其做好心理准备"[3]。这种准备不应该是狭隘的,而是多方面的。在教育活动中,教育者不能因限制未成年人的活动而把这些活动局限在几个方面。同时,教育者也不能忽视教育活动的强度和广度。因为人的追求多种多样,"所以教育活动所关心的也应该是多方面的"[3]。关注儿童多方面的兴趣,使人的各种潜能得到和谐发展,这就是道德教育"可能的目的"。"必要的目的"就是教育活动所要达到的最高目的。赫尔巴特认为:"教育的唯一工作与全部工作可以总结在'道德'这一概念之中。"[4]道德教育的最高目的是培养儿童明辨是非的观念以及相应的意志力,使儿童具有"绝对清晰、绝对纯粹的善与正义的观念"[4],让儿童把"所有任意的冲动推回去"[4]。赫尔巴特所说的教育的最高目的,就是要使儿童形成"内心自由""完善""仁慈""正义""公平或报偿"五种道德观念。赫尔巴特认为教育就是要培养以这五种道德观念为基础,具有完美的意志、完善的道德品格的人。他还认为,具有这种完善道德品格的人是那些少数受过正确教养的人,能将世界导之于正轨。显然,赫尔巴特所说的教育的最高目的,实际上是社会对人在政治上提出的要求,就是培养既不怀疑现存政治制度又能克服自己内心冲动的人。

二、道德教育的原则

教育性教学原则是道德教育应该坚持的基本原则。为了达到培养学生道德品质的最高目的,赫尔巴特提出了教育性教学原则。赫尔巴特在研究实践哲学(伦理学)和心理学的基础上,认为知识与道德具有直接、内在的联系。没有知识就没有德性,知识就是美德。古希腊哲学家、教育家苏格拉底认为,哲学的目的在于教导人们过有道德的生活,而要实现这个任务必须先认识基本道德规范和公共福利,因为在他看来"美德和知识是一回事"[5]。世上不存在无知识的德性,德性是在知识的基础上建立起来的,知识是建立德性的必要条件。儿童只有具有一定道德认知,才能产生服从道德认知的道德情感和道德意志,从而产生符合道德认知的道德行为。德育不是孤立的,而是与教学紧密联合在一起的,教学是德育教育的主要途径。"德育问题不能同整个教育分离开来,而是同其他教育问题必然地、广泛地联系在一起。"[6]鉴于此,赫尔巴特提出了教育性教学原则,认为"不存在'无教学的教育'这个概念,正如我不承认有任何'无教育的教学'一样"[6]。他认为,在教学过程中如果没有道德教育,这种教学是毫无意义的;同样,道德教育如果不在教学过程中进行,也是没有任何效果的。赫尔巴特提出了教育性教学原则,其主要目的是说明道德教育是通过而且只有通过教学来实施,教学是道德教育的最根本途径。

培养学生多方面的兴趣是坚持教育性教学原则的根本要求。"兴趣是同欲望、意志和审美有共同之处的,是同漠不关心相对立的。"[3]兴趣是智力活动的特性,对教育性教学来说,智力活动是引起学生兴趣的先决条件。赫尔巴特认为,学生只有通过各种有趣的事物与作业,才能产生多方面的兴趣。因此要使道德认知激发学生强烈的道德意志,培养道德行为,必须让学生对知识产生强烈的兴趣。他认为,为了实现教育的最高目的,教学还必须设立一个近期、较为直接的目的,这个目的就是培养多方面的兴趣。关于多方面的兴趣,赫尔巴特从心理学的角度把它分为对审美的兴趣、对同情的兴趣、对思辨的兴趣和对经验的兴趣。赫尔巴特认为,多方面的兴趣与道德性格之间有着密切关系,是道德教育的根基,具有一种道德力量。"人们首先应通过扩展了的兴趣来改变个性,必须使其接近一般形式,然后才可以设想个性有对普遍适用的道德规律发生应变的可能。"[6]赫尔巴特对兴趣的心理状态进行了进一步分析,他认为在兴趣状态下可以产生两种心理活动,一种是"专心"(concentration),另一种是"审思"(reflection)。"专心"是指排斥其他一切私心杂念,专心致志于某一对象或活动;"审思"是指协调、同化新旧观念的一种统觉活动。审思活动发生在专心活动之后,它们之间相互联系、相互促进,而且交替进行,这就是儿童道德活动的基本过程。赫尔巴特进一步阐述,儿童只有通过审思活动,才能把自己在专心活动中遇到的新观念、新经验与他们原来的观念联系起来,并进行观念、经验的改组与改造,形成正确的思想观念。

赫尔巴特论述了教育与教学的本质联系,使道德教育具有了理论基础,但他把教育和教学完全等同起来,具有形而上学倾向。

三、道德教育手段

管理是对儿童进行道德教育的前提手段。赫尔巴特认为:"如果不坚强而温和地抓住管理的缰绳,任何功课的教学都是不可能的。"[4]管理儿童,是进行正常教学的前提条件,管理的主要目的就是培养"一种守秩序的精神"[4]。赫尔巴特之所以强调在进行教学之前对儿童进行管理,是因为他认为儿童天生具有一种"烈性""冲动",如果不加以控制和约束,不仅学无所成,而且会发展成为"反社会的倾向"[3]。为了克服或约束儿童的"烈性"和"冲动",赫尔巴特主张采取威胁、监督、命令和禁止、惩罚、组织活动、树立权威和给予爱等措施对儿童进行管理。威胁是指以惩罚来威胁学生,不许学生随心所欲、乱说乱动。监督是指对儿童进行严密的监视、监督,防范儿童越轨行为的发生。命令和禁止是指对儿童的行为规范直接提出要求,以便儿童守秩序。惩罚是指当上述措施不奏效时教师采取的"站墙角""禁止吃食物""关禁闭"等严厉措施。树立权威和给予爱是指人心屈服于权威,因此权威可以有很大作用,但爱的作用也不能低估。组织活动是指通过组织活动,如讲故事、做游戏等,把儿童的空闲时间占领下来而让他们不能随心所欲。赫尔巴特认为:"这种管理要创造一种秩序。"[3]只对儿童管理而不进行教育,是对儿童心智的压迫;教育要注重儿童守秩序,否则也不是教育。

训育(discipline)是对儿童进行道德教育的过渡性手段。赫尔巴特认为,训育是道德教育概念体系中的重要概念,在从管理到教学的发展过程中存在一定的过渡阶段,这个阶段就是训育。训育的对象是脱离幼儿期有待正式施教的儿童。训育直接对儿童的心理发生作用,制约、规范儿童,在他们身上培养一种有利于教学的准备状态,以便为教学创造条件。训育,即有目的地进行道德教育,其作用是直接的,即用"内心自由""完善""仁慈""正义""公平或报偿"的观念对儿童进行完美的道德意志和德性的培养。在具体实施训育时,赫尔巴特提出了以下五种方法:一是维持的训育,其作用是使学生懂得约束自己,"避免情绪有害地爆发"[4],确立自己的行为准则,服从教师的管理;二是决定的训育,其作用是让学生进行自我评价,从而对自己的行为做出选择;三是调节的训育,其作用是要求行动参与者或有关人士相互认可,对自己的行动方案进行合理的论证;四是抑制的训育,其作用是让学生头脑冷静、克服冲动,从而培养良好的道德意志;五是支持的训育,其作用是使学生的道德认知和道德情感得到教师的认可,从而形成良好的道德行为。

教学(instruction)是道德教育的基本手段。赫尔巴特认为教学是道德教育的基本手段。在赫尔巴特以前,教育家们通常分开研究教育和教学,分别规定了不同的任务和目的。赫尔巴特将实践哲学和心理学的研究成果应用到教育和教学的研究中,深刻阐述了教育与教学之间的联系,使道德教育获得了坚实的理论基础。赫尔巴特认为:"把人交给'自然',甚至于把人引向'自然',并在'自然'中锻炼只是一件蠢事。"[4]从"自然"中,人们通过经验获得知识,通过交际获得同情[4]。在"自然"中,人们通过社会实践获得经验,实践是认识的基础、认识的来源,是认识发展的动力。认识的发生、发展和归属,归根到底离不开人们通过实践获得的经验。经验是人们成长的动力,但是由于人们的时间与精力有限,不可能事事去亲自实践,儿童早期的经验是零碎的、不完整的,需要利用教学进行完善和补充。因此,赫尔巴特认为,"教学是经验与交往的补充"[4]。因此,人的发展、德性的培养离不开人们对他实施的教学。在教学活动中,教师本身就是学生

积累经验的对象,而且这种积累经验的对象是生动的、活泼的、具体的、直接的,也是丰富多彩的。师生之间通过教学活动形成一种交往,教师为儿童的成长以身作则、以身示范。赫尔巴特认为:"只有教学才能要求一种平衡的、包罗万象的多方面的教养。"[4]

显然,赫尔巴特主张用压制、监督、命令乃至体罚等消极方法管理、训育儿童,使儿童服服帖帖,不至于导向反社会的方向。但是,在道德教育的手段中,他提出了"爱"的教育,对滥用威胁、监督等措施产生的消极后果的分析具有一定的积极意义。

四、道德教育内容

赫尔巴特结合心理学研究成果对道德教育的内容进行了探讨。他认为,道德教育内容的选择必须与儿童的生活经验和兴趣相联系,与儿童的认知规律相一致,儿童的生活世界中的主题就是道德教育的主要内容。在日常生活中,儿童通过与自然的接触、与人的交往,从而获得经验。"世界之谜就是从经验方面激发思辨。"[4]道德教育要引起学生的兴趣,其内容的选择应该回归儿童的生活世界,与儿童的日常生活保持密切联系,只有与儿童日常生活密切联系的内容才能引起儿童的兴趣。兴趣"就是专心所追随的、审思所集聚的对象"[3],意味着自我活动"在于有趣的事物之中"[4]。由于儿童的兴趣是多方面的,因此要求儿童的活动也应该是多方面的。当然,儿童不能随心所欲参与多方面的活动,需要通过管理和训育把儿童的思想和行为指引到正确的道路上去。

另外,赫尔巴特结合人类文化学对道德教育的内容进行了探讨。他认为,道德教育的内容要符合人类历史文化的复演过程。在儿童开始接受教育时,赫尔巴特主张先让儿童认识古代的历史文化。他认为,原始人和古代民族的生活是最好的道德教育内容,因为人类社会的知识起源与发展过程和每个人的知识起源与发展有着极其相似的地方。为了培养儿童的道德修养,教师应该按照人类历史文化发展顺序安排道德教育内容。人类历史文化是社会实践过程中产生的物质文化和精神文化的总和,历史文化的重大作用是使"自然人"或者"生物人"社会化。培养儿童的道德情感和习惯,不能隔断历史和文化。对人类历史文化的了解可以使儿童意识到自己与民族历史文化共享慧命,与社会群体共有荣枯,也可以使儿童在社会发展与变革中不至于迷失方向。

赫尔巴特在前人研究的基础上,结合自己心理学研究成果,建构了完整的系统的道德教育内容。它不是经验的总结,也不是思辨的产物,而是具有一定的理论和实践基础。他的道德教育内容的建构为有效实施道德教育提供了保障。

赫尔巴特是近代首位在实践哲学和心理学的基础上研究教育的教育学家。虽然赫尔巴特的唯心主义、形而上学的哲学、心理学观点妨碍了他建立科学的教育学体系,但是他在实践哲学的基础上明确了道德教育目的,在心理学的基础上提出了道德教育原则、道德教育手段和道德教育内容以及强调了知识对情感和意志培养的作用等,这些思想观念对加强青少年学生思想道德教育和维护1848年革命以后德国资产阶级的统治具有极其重要的作用和价值。赫尔巴特道德教育思想体系中的教育性教学原则后经前苏联教育家凯洛夫加工整理,引入中国,被整理为科学性与思想性相统一的教育原则,这一原则仍然是当今教育应该坚持的最基本原则之一。这一原则要求教师以正确、科学的知识与观念武装学生。只有传授的知识是科学的,才能更好地挖掘它的思想性;只有以正确的思想为指导,才能保证教育内容科学有效。另外,就道德教育的内容而言,赫尔巴特认为,道德教育要回归儿童的生活世界,人类历史文化是重要的道德教育内容。回归生活世界和关注人类历史文化是现代道德教育的普遍方向。党的十八大以来,党中央把立德树人作为教育的根本任务,重温赫尔巴特的道德教育思想对当今教育部门提出的课程思政教育理念、立德树人教育任务,培养德、智、体、美、劳全面发展的社会主义建设者和接班人具有极其重要的现实意义。

参考文献

[1][德]弗·鲍尔生.德国教育史[M].滕大春,滕大生,译.北京:人民教育出版社,1986:165.

[2]蒋径三.西方教育思想史[M].北京:商务印书馆,1933:251.

[3][德]赫尔巴特.教育学讲授纲要[M].李其龙,译.北京:人民教育出版社,2015:3,10,17,18,29,30,46,50.

[4]张焕庭.西方资产阶级教育论著选[M].北京:人民教育出版社,1979:259,260,263,267,277,278,279,280,302.

[5][苏联]罗森塔尔,尤金.简明哲学辞典[M].北京:生活·读书·新知三联书店,1973:722.

[6][德]赫尔巴特.普通教育学·教育学讲授纲要[M].李其龙,译.杭州:浙江教育出版社,2002:13,39,52.

论和谐高校校园的建设

严 权

摘 要：和谐高校校园是指学校协调、均衡、有序的发展态势。在建设和谐校园的过程中，应该创造人法双馨的教育管理机制，加强校园文化建设，坚持科学发展观，加强思想政治教育和教师队伍的建设。

关键词：和谐校园；人法双馨；校园文化；科学发展观

一、和谐高校校园的内涵

"和谐"是典型的儒家思想，也是博大精深的中华传统文化的精髓。《左传·襄公》说："八年之中，九合诸侯，如乐之和，无所不谐。"孔子也曾说："君子和而不同。以和而不同谓之'谐'，"谐"是不同社会的东西规律性的结合。"和谐"并非指完全统一，而是和而不同、求同存异。"和谐"就是要把无序、内耗与动乱，治理、协调和调整到有序、凝聚、安定团结的状态。

和谐高校校园是指学校协调、均衡、有序的发展态势。和谐高校校园主要包括个体自身的和谐、人与人的和谐、人与教育资源的和谐、人与自然环境的和谐。

和谐高校校园的核心是人际关系的和谐。和谐的人际关系主要包括师生关系、领导与教师之间关系以及教师和后勤人员关系。人际关系的和谐是衡量校园是否和谐的主要维度，是事业发展和校园和谐的前提。

二、建设和谐高校校园的重要意义

社会主义和谐社会就是以人的全面发展为基本特征的，全体人民各尽其能、

文章来源：《中国电力教育》，2008年第2期，有修改。

各得其所而又和谐相处的社会。和谐校园是培养和造就德、智、体、美全面发展的社会主义事业合格建设者和可靠接班人的摇篮,在经济社会发展中起着先导性、基础性、战略性的作用。它是推动和谐社会建设的主力军和主阵地。构建和谐高校校园为构建和谐社会提供理论阵地和文化支撑。

构建和谐高校校园是"科教兴国"战略和人才强国战略的需要。"科教兴国"是指全面落实科学技术是第一生产力的思想,坚持教育为本,把科技和教育摆在经济、社会发展的重要位置,增强国家的科技实力及向现实生产力转化的能力,提高全民族的科技文化素质,把经济建设转移到依靠科技进步和提高劳动者素质的轨道上来。和谐高等院校是培养社会急需的各类高层次人才的摇篮,拥有发展高科技自主创新能力的中坚力量,是国家自主创新体系的重要组成部分,因而在社会主义和谐社会的构建中具有特殊的地位和作用。

和谐校园的建设是促进学校事业全面协调发展的现实需要。学校要全面发展,民主法制、公平正义、诚信友爱、安定有序、安全文明和充满活力的校园环境氛围是必不可少的重要条件。高等教育要顺利实现规模扩张和质量提升,必须创建和谐的校园环境,必须以科学发展观统领全局,正确地处理好各种关系,妥善协调好各方面的利益,保持办学规模、速度、质量、效益的协调发展。推进学校事业全面协调发展,必须保持校园的平安、稳定、有序,没有稳定,学校事业全面协调发展就无从谈起。

和谐校园的建设有利于培养学生的合作、诚信意识。合作和诚信是中华民族的传统美德和基本的道德规范之一,强调诚信友爱,就是要求全体人民诚实守信,平等友爱,融洽相处。诚信是大学教育的基本内容和要求,学校应通过教育使学生树立以诚信为荣、以虚假为耻的观念,通过和谐校园的建设,使学生在平常的学习、工作和生活中积极地与他人合作,充分地发挥集体的作用,培养学生的合作精神。和谐校园的构建是培养高素质人才的要求,只有拥有和谐的育人环境,学校的组织效能才能充分得以发挥,教师教书育人的积极性和学生学习的主动性才能得到提高,学校才能培养出高素质的合格人才。

三、建设和谐高校校园的思路

高校是社会的重要组成部分,要建设和谐校园就必须以和谐社会的构建为基础;反过来,和谐校园的建设也是和谐社会建设的一部分,它可以为建设和谐社会提供有力的支撑和帮助。在建设和谐校园的过程中,应该实施人法双馨的教育管理机制,坚持科学发展观,加强思想政治教育和重视教师队伍的建设。

1.实施人法双馨的教育管理机制,创建和谐校园

管理与和谐是相互促进的,没有管理,和谐就缺乏基础;没有和谐,管理就缺乏方向。管理的过程中会不可避免地遇到不少的矛盾,矛盾的存在会影响和谐。只有当矛盾的诸多方面合理地存在于统一体中,并使统一体的存在也具有合理性时,矛盾才能真正转化为和谐[1]。构建社会主义和谐社会,必须坚持依法治国与以德治国相结合。同样,构建和谐校园,也必须坚持依法治国和以德治国相结合,必须坚持依法治国和以德治国的和谐统一[2]。坚持依法治校和以德治校相结合,是高校在构建和谐校园中创新管理机制的具体体现。构建和谐校园,必须坚持依法治校,依法治校是学校管理正常运转的保障,法制在办学中有着十分重要的教育功能、管理功能、奖励功能、处罚功能,这四项功能的有效发挥对于组织和个人的行为起到规范作用,使学校的各项工作沿着健康、稳定的方向发展[3]。以德治校是构建和谐校园的灵魂和动力,其中的"德"是社会主义道德。道德建设的特点是强调自觉和自律,通过社会舆论和人们的良知,自觉执行道德标准,着重要求的是学生内在活动的合理性。依法治校和以德治校从不同的角度,采取不同的措施来对学校实施管理。一个强调的是纪律、秩序、制度,依法管理;另一个强调的是人文关怀、人本化的管理。但是两者又是不可分割的,以人为本是依法治校的出发点和归属,依法治校是以人为本的保障,两者相辅相成、相互促进、缺一不可、不可偏废。将依法治校和以人为本进行整合,才是学校正确管理的方法和途径。

2.加强校园文化建设,努力构建和谐校园

建设和谐大学校园,需要构建和谐的大学文化。建设良好的校园文化,可以化解矛盾、统一思想,使全校师生员工在树立正确的世界观、人生观和价值观的基础上,满怀激情、万众一心致力于学校的改革与发展。建设和谐校园,要充分理解大学文化所蕴含的科学、自由、民主、平等、批判、创新等精神,结合学校传统、办学特色、社会需求提炼具有时代特征、富有个性特点的大学精神文化。作为建设和传播先进文化的重要基地,高校校园文化的建设首先应以邓小平理论和"三个代表"重要思想为指导,坚持党的领导和社会主义先进文化的发展方向,

发挥先进文化在师生中的渗透力和影响力,引导学生牢固树立热爱祖国、热爱共产党、坚定中国特色社会主义的理想信念[4]。

3. 坚持科学发展观,构建和谐校园

改革创新、科学发展是构建和谐校园的中心内容。建立和谐校园,需要认真贯彻和落实科学发展观,使学校的各项事业全面、协调、可持续发展。坚持科学发展观应从协调好教学与科研、专业建设与学科建设、软件建设与硬件建设、队伍建设、教师与学生、规模与质量这几个方面的关系来构建和谐校园。以发展求和谐,加快学校事业的发展是推进和谐校园建设的前提。构建和谐校园必须处理好改革、发展、稳定的关系。改革、发展和稳定是构建和谐校园的本质要求。没有改革和发展,就无法协调各方面的关系,消除既有的矛盾,只有加快发展,才能有效地克服前进道路上遇到的一切困难,才能创造出和谐的局面,实现学校的发展目标。同时,改革、发展、稳定关系的协调有序是校园和谐的重要表现。改革、发展、稳定之间的关系是一种动态关系,当这种动态关系在不断的运动发展过程中达到一种平衡时,改革、发展、稳定之间就形成了协调有序的关系。

4. 加强思想政治教育,推动和谐校园建设

思想政治教育属于上层建筑的范畴,是"三个文明"建设的重要的促进力量,也是建设和谐校园的一条重要途径。高校是物质文明、精神文明和政治文明建设的重要阵地,也是构建和谐社会的基础,必须加强和改进大学生的思想政治教育,为和谐校园的建设提供重要的思想政治基础。思想政治工作是高校全部工作的生命线,通过扎实有效的思想政治教育,形成过硬的思想、严明的纪律和优良的作风,这是构建和谐社会的重要保障。思想政治工作具有稳定剂的作用,能够为建设和谐校园提供稳定的环境。思想政治工作可以通过耐心细致的说服教育,使人们认识到现代社会的复杂、多变,从而提高对现代社会的适应能力和承受能力。通过思想政治工作可以把人民的意志和力量凝聚起来,汇集成一股巨大无比的精神力量,推进和谐校园的建设。思想政治工作也具有润滑剂的作用,能够为建设和谐校园营造良好的人际关系。我们应按照构建民主法制、公平正义、诚信友爱、充满活力、安定有序、人与自然和谐相处的社会主义和谐社会的新要求,以理想信念为教育的核心,以爱国主义为教育的重点,以基本道德规范为基础,以大学生全面发展为目标,进一步加强和改进大学生思想政治教育工作,不断巩固和谐校园建设的思想政治基础[5]。

5.关注教师的心理和谐,积极促进和谐校园的构建

对于和谐校园的生存和发展来说,教师是根本。培养高素质的教师队伍,是学校实现可持续发展的关键,是创建和谐校园的根本要求。教师在教育、教学过程中对学生的心理健康具有重大的影响力,教师作为和谐校园的核心群体,其自身的心理状态的健康和谐对师生互动及学校发展具有核心意义。教师承担的教书育人的责任和教师在学生心目中的形象对于学生自我概念的形成、生活目标的确定、身心健康的保持都具有深远的影响。因此,学校管理者要努力为教师营造温馨、和谐、催人奋进的工作环境。如通过经常组织丰富多彩的文体活动,提高教师的身体素质和心理素质。同时,教师也要自我调适,增强对职业的认同感。社会也要为教师的心理健康营造一个积极的社会支持系统。总之,和谐的人要靠和谐的教育来培养,和谐的教育工作需要身心健康的教师来实施。

参考文献

[1]杨庆中.挖掘中国传统和谐思想的当代价值[N].人民日报,2006-11-24(015).

[2]申振东.高校和谐校园建设五对关系探讨[J].贵州社会科学,2006(5):103.

[3]陈达云.试论构建和谐校园的若干关系[J].西南民族大学学报(人文社科版),2006(2):24.

[4]中宣部宣教局,教育部社政司,团中央学校部组.加强和改进大学生思想政治教育文件选编[M].北京:中国人民大学出版社,2005:67.

[5]丁林.加强思想政治教育推动和谐校园建设[J].中国高教研究,2006(2):82.

建设高校和谐校园文化应坚持的原则

严 权

摘 要: 和谐校园文化对育人具有重要的导向作用。在建设高校和谐校园文化时,必须坚持正确的指导思想,坚持科学发展观,以人为本,巩固社会和谐的思想道德基础,继承我国优秀传统文化和融合外来先进文化。

关键词: 高校;和谐;校园文化;建设;原则

在当代中国,和谐文化的核心内容和价值取向,是引导全社会树立建设中国特色社会主义的共同理想。建设和谐文化,就是要坚持不懈地进行理想信念教育,用建设中国特色社会主义的目标凝聚人心,用建设中国特色社会主义的举措鼓舞人心,用建设中国特色社会主义的成果安定人心,使广大人民群众坚定对社会主义制度的信心,坚定对党和政府的信任,不断增强贯彻落实党的路线、方针、政策的自觉性,为建设社会主义和谐社会打牢共同的思想基础。校园文化是社会系统中的一种亚文化,它作为社会意识的重要内容,随着社会存在的变化而发展。高校校园文化就是由高校师生共同创造的反映其价值取向、理想信念、团体意识、群众心态、行为规范等方面特征的由物质文化、制度文化与精神文化构成的系统,对育人具有重要的导向作用。当前,在建设高校和谐校园文化时,必须坚持以下几项基本原则。

一、坚持正确的指导思想

建设和谐校园文化要以社会主义先进文化为指导。和谐校园文化是社会主

文章来源:《理工高教研究》,2007年10月,有修改。

义先进文化的基本内容,也是社会主义先进文化的重要组成部分。高校校园是文化继承和创新的重要场所,先进性是高校和谐校园文化的基本特征。建设和谐校园文化必须坚持先进文化的前进方向,必须毫不动摇地坚持以马克思列宁主义、毛泽东思想、邓小平理论和"三个代表"重要思想为指导,全面贯彻科学发展观,坚持为人民服务、为社会主义服务的方向和百花齐放、百家争鸣的方针,弘扬主旋律,提倡多样性,始终保持正确的政治方向。高校和谐校园文化的建设,要面向现代化、面向世界、面向未来;高校和谐校园文化的建设要发展民族的科学的大众的社会主义文化,以不断丰富人们的精神世界,增强人们的精神力量,促进全民族思想道德素质和科学文化素质的不断提高。坚持以正确的指导思想统领和谐校园文化的建设,就是要求高校和谐校园文化的建设必须反映构建社会主义和谐社会的根本价值取向,与始终代表中国最广大人民的根本利益、党的全心全意为人民服务的根本宗旨和立党为公、执政为民的本质要求相一致,使高校校园文化建设始终保持健康的发展轨道。

二、坚持科学发展观

科学发展观是指导我国发展的世界观和方法论的集中体现,也是指导我国构建社会主义和谐社会的世界观和方法论的集中体现。我们在构建社会主义和谐社会的进程中全面落实科学发展观,首先必须始终把坚持以人为本作为各项工作的根本出发点和落脚点。发展是解决一切问题的根本,加快发展有利于人民群众的物质文化需求不断得到满足,促进人的全面健康发展。我们要以社会主义核心价值体系为根本,大力推进和谐文化的建设,繁荣社会主义文化,满足人民日益增长的精神文化需求,为构建和谐校园提供强大的精神动力和良好的思想舆论氛围。我们要坚持不懈地用马克思主义中国化的最新成果武装校园、教育学生,牢固树立中国特色社会主义共同理想;努力提高舆论引导能力,营造积极健康的校园思想舆论氛围;大力弘扬社会主义荣辱观,广泛开展和谐创建活动;努力建设高素质的工作队伍,为和谐文化的建设提供人力保证。在建设和谐文化的过程中,我们要以培育和谐精神、树立和谐理念为目标,坚持科学发展观。任何一种文化形态的生成与发展,都是一个逐步积累的过程,不可能通过疾风暴雨式的"文化运动"来实现。在构建高校和谐校园文化的过程中,坚持科学发展观就显得尤其重要。只有营造良好的校园文化氛围,丰富和发展学生的精神世界,提高大学生的文化自觉性,才能充分地调动广大学生参与和谐社会文化建设的积极性、主动性、创造性。

三、坚持以人为本

以人为本的高校校园文化是高校和谐校园文化的主流或核心价值观。它统领高校教育教学、科研和社会服务等各个方面的活动。和谐校园文化应该强调以人为本,尊重人的价值、尊严和权利,关怀人的现实生活,关心人的利益,追求人的平等自由等。以人为本的校园文化把师生每个个体得到全面发展作为工作的出发点和落脚点,肯定师生在教育教学工作的主导作用和主体地位,解放、尊重甚至张扬师生的个性。在建设和谐校园文化时要面向学生、服务学生,并保障广大学生的基本文化权益,这是社会主义和谐社会优越性的体现。以人为本的高校校园文化作为社会主义先进文化的重要组成部分,充分体现了高校工作意识形态水平和成效,体现了社会主义特点和时代特征。社会主义的发展是为了人,只有树立以人为本的科学发展观,才能实现人的全面发展,才能构建社会主义和谐社会。党的十六届三中全会提出的科学发展观,为可持续发展战略注入了新内容,核心是以人为本。坚持以人为本的校园文化,可以化解多元文化碰撞、融合的过程中出现的一些矛盾和问题,促进和谐校园文化的建设,进而构建和谐高校校园。和谐校园文化建设的主旨是关注学生的精神成长,其核心是培养学生具有优秀人格、社会责任感、诚心和意志力等优秀品质。以人为本就是真正把人放在社会主体地位,以实现人的全面发展为目标,就是要承认人的主体地位和主体人格。以人为本的校园文化就是要满足学生的自我实现的需要,帮助学生形成健全的人格、培养崇高的道德、累积丰富的学识、树立开放的观念。

四、必须巩固社会和谐的思想道德基础

道德要求、道德行为都是出自内心的。人们做出的自觉的道德行为,只是为了求心安,或者说是对得起自己的良心。当前,建设社会主义和谐社会是一项伟大的社会实践活动,需要汲取人类的一切优秀文明成果。我国历代先哲对和谐问题提出了一些有价值的思想观点,认为和谐是对矛盾的化解,和谐是对合理性的追求,和谐是一个与时偕行的进程,和谐意味着生机焕发,实现人、社会、自然

和谐相处是人类社会的目标,这些有价值的思想和观点值得我们认真挖掘。建设和谐文化是构建社会主义和谐社会的重要任务。社会主义核心价值体系是建设和谐社会的根本,必须坚持马克思主义在意识形态领域的指导地位,牢牢地把握社会主义先进文化的前进方向,倡导和谐理念,培养和谐精神,进一步形成全社会共同的理想信念和道德规范,打牢全党全国各族人民团结奋斗的思想道德基础。建设和谐文化是一个具有鲜明时代特征和深刻内涵的重大理论和实践课题,对于推动社会主义先进文化建设具有重大的指导和引领意义。高校校园是精神文明建设的重要场所,通过培育和谐社会建设者来传递和保存传统的社会和谐思想道德文化。当然,高校在保存和传递我国传统的社会和谐思想道德文化的过程中,并不是对所有的文化都进行传播,在此过程中离不开对文化的选择和创新。我们应选择符合社会主流的文化,对其他亚文化中有害的东西进行批判。创新是文化发展的不竭动力,也是建设和谐文化的重要途径。

五、必须继承中国优秀的传统文化

继承和发扬我国优秀的传统文化是建设高校和谐校园文化的基石。构建高校和谐校园文化,必须与时俱进地开展社会主义理想教育、爱国主义教育、民族精神教育,树立集体主义观念,弘扬主人翁精神和自强不息的社会主义精神,继承和发扬我国传统优秀文化和传统美德。中华民族传统文化中蕴涵着丰富的人与人、人与社会、人与自然之间和谐的道德理想和道德观念。我国有着优秀的"和合"文化传统,经过数千年的积淀和发展,已经深深地融入中华民族的血脉之中,成为中华文明的基本特征和重要的价值取向。中国优秀的文化传统是中国各民族在漫长的历史长河中共同创造和发展的,是中华民族赖以生存和发展的根基和血脉。一个民族,一个社会,没有了文化,就没有了灵魂,就失去了凝聚力和生命力。高校和谐校园文化是建设和谐社会的重要组成部分,它的作用不可低估,为社会的和谐发展提供重要的动力,对构建社会主义和谐社会发挥着基础性的重要作用。在全面建设小康社会、加快推进社会主义现代化的今天,这些传统的美德仍然得到人民群众广泛的认同,仍然是衡量人们道德素质的重要价值尺度,仍然对社会主义道德建设发挥着重要的作用。继承和弘扬这些传统美德,有利于引导人们树立和谐理念、培育和谐精神,营造崇尚和谐、追求和谐、维护和谐的浓厚氛围。

六、必须融合外来的先进文化

高校校园文化对其他文化具有广博的兼容性。高校和谐校园文化的核心是"和而不同",各种思想、各种观念在这里交汇、碰撞,智慧和创新的火花由此而生。虽然中华民族的文化博大精深、源远流长,但我们从不拒绝外来文化。建设和谐文化离不开与世界文化的交流与对话,每一个国家和民族的文化都有其长处,这是存在和发展的基础。文化的融合是调整中外文化的重要方式,是指中外文化接触后,中华民族的文化体系随之消失或改变其面貌,从而产生一种新的文化体系的过程。文化融合一般有三个过程:首先是两种文化的接触,这是文化融合的前提;其次是两种文化的筛选,两种文化都具有顽强地表现自己和排斥他种文化的特征,接触后必然会发生撞击,在撞击的过程中优秀文化得以保存,劣势文化被淘汰;最后是两种文化的整合,从这两种文化体系中选取文化元素,经过整合融为一体,形成一种新的文化体系。文化交融促进社会和谐,传统文化与现代文化、外来文化与本土文化、宗教文化与世俗文化等各领域文化的共融让我们走向和谐、走向大同。当今,在建设我国校园文化的过程中,我们更要有世界性的眼光和广博的胸怀,对世界先进文明成果进行认真的研究和积极的借鉴。

参考文献

[1] 中共中央马克思恩格斯列宁斯大林著作编译局.马克思恩格斯选集(第一卷)[M].北京:人民出版社,1972:273.

[2] 刘云山.建设和谐文化巩固社会和谐的思想道德基础[N].人民日报,2006-10-24(002).

[3] 吴磊,肖池平.关于和谐校园文化建设的思考[J].江西.社会科学,2006(2):213.

[4] 杨庆中.挖掘中国传统和谐思想的当代价值[N].人民日报,2006-11-24(015).

[5] 李晓西.文化交融促进社会和谐[N].中国教育报,2007-01-09(1).

第二篇 教育小故事

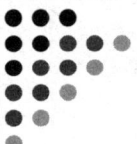

爱讲故事的宋老师

严 权

在岁月的长河里,总有一些人、一些事难以忘怀。如今十几年过去了,我已走上工作岗位,成为了一名人民教师,孩提时代的记忆虽已久远模糊,然而宋老师讲课时的神情、说话的语气,就连他写字的姿态都让我记忆犹新、历历在目。特别是,他在课堂上给我们讲的一个个故事,让我意犹未尽。

宋老师一直陪伴了我们四年。从小学一年级到四年级他都是我们的班主任,教授语文课。宋老师的脸上总是挂着笑容,不大的眼睛躲在黑框眼镜后,闪闪发光。同学们都非常喜欢宋老师,不仅仅是因为宋老师温暖的笑容和会发光的眼睛,更重要的是因为宋老师喜欢给我们讲故事。每当我们在课堂上注意力不集中时,他就会给我们讲故事。他讲故事有个最大的特点,故事讲到一半的时候,常常会停下来,剩下的部分就让我们去续编,这可把我们这帮小孩乐坏了。一是我们可以按照自己的想法任意去编,二是如果我们的故事续编得好的话还能够得到宋老师奖励给我们的大白兔奶糖。

这天,宋老师在课堂上又开始讲故事了:"一天下午,小松鼠在森林里捡到一个苹果,这个苹果又大又红,它把苹果放在鼻尖嗅了嗅,然后说:'哇,好香啊!整个森林里,我从未见到过这么大的苹果呢!'当小松鼠沉醉在苹果芳香里时,小白兔刚好路过,看着小松鼠手里的大苹果,也很想吃。于是小白兔就和小松鼠商量:'松鼠,松鼠,苹果这么大,我们一起分着吃吧!下次我有好吃的,也跟你一起分享。'小松鼠可不愿意把这么美味的苹果分出去,他对小白兔说:'我才不愿意分给你吃呢,我们又不是好朋友。'听完小松鼠的这番话,小白兔难过地走开了。苹果的芳香把小猴子、小花猫、小猪和小鹿都吸引过来了,它们也都很想尝一尝这个大苹果。它们都拿出自己珍藏的食物想与小松鼠交换,可是都被小松鼠一一拒绝了。为了不再受到小伙伴们的打扰,小松鼠决定带着这个大苹果躲到山洞里独自享受。当它吃完半个苹果时,肚子已经撑得像个小皮球了,可是苹果太香甜了,小松鼠不想把这么好吃的东西分享给任何人,于是决定一口气把它吃完。可是,苹果实在是太大了,小松鼠吃完整个苹果后,肚子疼了起来,疼得在山洞里嚎叫,忍不住地在地上打起滚来。此时,天就要黑了,大家都回去睡觉了,也帮不了它,小松鼠该怎么办呢?"讲到这里,宋老师从口袋里掏出一把大白兔奶糖放在讲台上,笑着对我们说:"老规矩呀,谁来接着把故事讲完?讲得好的奖励一颗糖哦!"

这是最让我们兴奋的环节。有的同学与同桌讨论起来,有的同学紧皱眉头开动脑筋思考,有的同学趴在课桌上听着前排的同学们的讨论内容。这时,二组的女生晨晨已经高高地举起她的右手,迫不及待地想要续编故事,宋老师叫了她,她站起来开心地说:"小松鼠吃得太多了,被撑坏了。它的小伙伴们虽然听见了它的叫声,但是它们谁也不愿意去帮助小松鼠。因为小松鼠太吝啬、太贪婪,它不愿意与小伙伴们分享好吃的苹果。后来,小松鼠在山洞里疼了一晚上,直到第二天才被路过的小象带去看医生。小松鼠慢慢地康复了,可是它却失去了朋友,大家都不愿意跟它在一起玩了。而小松鼠也意识到了自己的错误,在小象的帮助下,大家原谅了小松鼠。从那以后,森林里的小伙伴们都学会了分享,也学会了互相帮助,它们在森林里快乐地生活着。"

晨晨话音刚落,同学们给予了热烈的掌声,宋老师对着晨晨竖起了大拇指。宋老师从讲台上拿起一颗大白兔奶糖,边走向晨晨边说:"非常好!晨晨同学续编的故事非常精彩,而且晨晨同学在她续编的故事里,告诉了我们要向身边的人分享自己所拥有的东西,也告诉了我们要知错就改,也让我们懂得要原谅那些曾经犯过错却知错能改的人!来,奖励晨晨同学一颗大白兔奶糖。"

同学们羡慕地看着晨晨,一组的男生小文鼓起勇气举手说道:"宋老师,我也想接着编一个结尾。"宋老师鼓掌说道:"太好了!期待小文同学带来精彩的故事结尾。"小文稍微顿了顿,开始了续编故事:"小松鼠痛苦的嚎叫声传到了小白兔家,小白兔听出这是小松鼠的叫声,于是着急去找来小猴子、小花猫、小猪和小鹿,与大家商量一起将小松鼠送到医生家里去,可是小猴子不太愿意去帮助吝啬的小松鼠。大家说服了小猴子,一起来到山洞里,齐心协力地将小松鼠送到了医生的家。小松鼠愧疚地看着小伙伴们说:'谢谢你们!我不肯与你们一起分享那个苹果,你们却还来救我,是我错了,我以后再也不那么吝啬了。'小白兔安慰小松鼠:'我们是朋友,朋友有困难,我们怎么能袖手旁观呢?'"小文编的故事结尾

很简洁,大家还没回过神来,他已经讲完了。宋老师带头鼓起了掌,毫无疑问,小文同学也得到了一颗大白兔奶糖。他一边将奶糖放进口袋一边说:"我要把它带回家给我妹妹吃。"

即便是在时隔多年后的今天,回想起这一幕,这样欢乐的场面仍然让我意犹未尽。在我们与宋老师相处的几年里,他不仅教会了我们书本上的知识,还教会了我们许多做人的道理,让我们从小就学会分享,懂得原谅,知道如何去帮助他人。当然宋老师对我的影响,远不止这些。宋老师的言传身教让我明白了:作为教师应该把学生当作"人"来看待,突出学生自主性、选择性、能动性和创造性的培养;学生是学习的主人,教师应该把课堂还给学生,让学生自主建构知识,建构生活;教师并不是知识的"化身",也不是权力的"象征",而是伴随学生成长的合作者、帮助者、启发者、引导者。宋老师讲故事只讲一半,然后让学生续编,这是对教育最好的诠释,在希腊语中"教育"就是"启发"与"引出"的意思。

花香蝶自来

严 权

冬天的夜晚显得尤为安静,隔壁教室里高二(8)班的学生们默默地自习着,我在办公室里批改着他们今天的英语课堂练习,清冷的空气似乎更加能够让人静心。这是最后一节晚自习,练习册也已经批改过半,又一个平常的日子即将成为过去。然而,就在我拿起下一份练习册准备批改的时候,发现练习册里有一封信。这是一封英文求爱信,是一个男生写给同班的一个女生的。信的主人是小杰,英语成绩一直不错。想到他最近心不在焉的样子,能够把如此"重要"的一封信夹带到作业里而不自知,可想而知他是多么心神恍惚。而他最近几次的考试,成绩都处于下滑趋势,这大概就是令他无法集中精力于学业的原因了。作为他的老师,我该如何帮助他回归正轨呢?回家后,我仍然在想着这件事情。

第二天上午的英语课,与平常有些不一样。我把昨夜的那封情书作为范文抄写在黑板上,要求同学们从单词用法、句子结构、英语语法等方面来修改这封求爱信。这封信的内容使得同学们异常兴奋。我的目光假装无意中从信的主人身上略过,他满脸通红地沉默着,有些紧张地搓着双手。身边的同学并没有发现他的异样,大家都因为这封信而兴奋着。在这节课上,同学们发言特别积极,有的说名词单复数有问题,有的说动词用法不对,有的说句子结构有问题,有的说可以多用些复合句显得自己水平高……我按照同学们的意见修改了这封信,最后请一位男生有感情地读了一遍。我们的注意力始终围绕着这信件本身,我看到小杰慢慢地放松下来,教室里那份热烈的气氛也渐渐安静下来。同学们似乎知道我有话要说,都静静地看着我。

站在讲台上,我微笑着缓缓开口:"今天我们学习的这篇范文,是一封富有真情实感的信件。我想,写这封信的人一定是一位善良真诚的人。因为,他的眼里能看到别人的优点,认同并且欣赏。只是,我们在年轻的时候,往往并不了解自

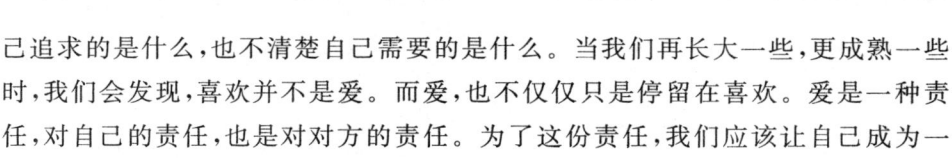

己追求的是什么,也不清楚自己需要的是什么。当我们再长大一些,更成熟一些时,我们会发现,喜欢并不是爱。而爱,也不仅仅只是停留在喜欢。爱是一种责任,对自己的责任,也是对对方的责任。为了这份责任,我们应该让自己成为一个更加优秀、更有担当、更好的自己。"

稍作停顿,我在讲台上走了几步,继续保持微笑说道:"你们看,我个子不高,皮肤还很黑,还有两颗小龅牙,在你们的眼里,我肯定是与漂亮无关的。可是,你们可能不知道,我的先生可是一位优秀的大帅哥。"这时候,同学们发出了浅浅的笑声,我也是淡淡一笑后,继续说着:"在上大学时,我是我们英语系成绩最好的女生。我的先生,长相英俊,各方面也都非常优秀,很多漂亮女孩子都追求他。可是他最终选择和我在一起,因为在他的心目中,我是最优秀的。我们因为彼此的优秀而相互吸引,而且我们一直在为了让自己更加优秀而努力。当我们丰富了自己,我们才有能力去爱,才有力量去接受爱。"

同学们安静地听着,我在想会不会有人正在思考着自己的人生与理想。如果有,那么今天的课应该是有收获的。我抬腕看了看手表,离下课只有几分钟了。我走回讲台边,一边整理书本一边说:"不要去追赶一只蝴蝶,用追逐蝴蝶的时间来养花,当花儿开放,花香蝶自来!"

下课后,我并没有去找小杰,而是在第二天午餐后假装在回教室的路上偶遇。他有些局促不安地跟我并行,我笑了笑,把他的信还给了他,并轻声对他说:"现在的你,应该努力让自己变得更加优秀,当你越来越好,你喜欢的那个女孩子一定能够在人群中一眼就看到你。到那个时候,你才有能力、负责任地去爱!"他表情严肃地从我手里把信接了过去,点点头,轻轻地说了声:"老师,谢谢您!"

此后的一段时间,我依然默默地关注着小杰,而他似乎真的是明白了那一堂课的意义所在。所有人都看到,小杰比以往更加努力,更加沉稳。看着他的变化,我倍感欣慰。放寒假的那天,同学们都在收拾着自己的学习资料。我无意中经过小杰的课桌边,看到他那本刚从抽屉里拿出来的笔记本的封面上,用红色的记号笔写着大大的五个字:"花香蝶自来。"

静待花开

严 权

　　一花一世界,一叶一菩提。在我的心目中,每个孩子都是一朵花,每朵花都有着不同的花期。身为一名园丁,我爱这百花园中的每一朵花,我乐意陪伴他们成长,虽然有些花的花期很迟,却仍然不影响我对他们的欣赏与期待。光阴荏苒,日月如梭,十多年前的往事,如今却仍然历历在目。

　　新学年开始,我接手了小学一(2)班的班主任工作,任教该班语文。开学一周后,班上转来了一名新生婷婷,她是一个很清秀的小女生。对于我来说,她与班上其他同学一样,我并不是很了解她。只是,低年级的孩子们,互相之间更容易熟识起来。然而,他们的自制力不强,在课间我总会见到各种各样的哭诉。如某某的同桌把她的橡皮擦扔地上了,或者是某某手上的零食被男生抢走了。虽然在成人眼里这些都是小事,然而在孩子们眼里这些都是大事。经过简单的调解后,他们很快就能和好如初。

　　在很短的时间内,我几乎处理过全班所有孩子的纠纷。唯独婷婷从未向我告状,但是她每天都会哭一次。第一次大哭,是因为在规定的时间内她没有完成作业。我有些手足无措,蹲在她的课桌边,轻声细语地询问她、安慰她。她只是一直哭,什么也不说。我在她旁边的座位上坐下,等她停止哭泣了,我问她:"是不是看到同学们都走了,你着急了?"她睁着大眼睛泪眼婆娑地看着我,还是默不作声。我笑着对她说:"不着急,老师不是也还没走吗?我来教你写作业。你这么努力,一定会写好的!"婷婷听话地让我扶着她的手。我帮她纠正了握笔的姿势,然后轻声地给她讲解。一年级的作业原本不多,婷婷写写擦擦,自然会比别的孩子慢了许多,过了很久,她终于把作业写完交给了我。

　　在此后的日子里,她依然会在每天的语文课后因为作业完成得慢于其他同学而急哭。周五下午放学前,我到校门口与前来接婷婷的奶奶聊了一会,了解到

婷婷的情况。原来,婷婷的父母都在城里工作,婷婷从小就和奶奶在农村生活。因为长期得不到父母的陪伴,婷婷的性格非常内向。今年暑假,婷婷的爸爸、妈妈把婷婷和奶奶一同接到城里,因为婷婷该上小学了。能够在爸爸妈妈身边生活,对于每个孩子来说,都是最幸福的事情,对于婷婷来说,尤为珍惜。只是婷婷在农村没有上过幼儿园,动手能力没有得到很好的培养,写字对她来说是极其困难的事。尤其是当其他同学都完成了作业时,她更是焦虑不安,一着急,她就会哭。

婷婷这个孩子确实让人心疼,此后我经常关注她。我发现她的握笔姿势不对,就会及时教她正确的握笔姿势。她在拼音本上写拼音,总是会出现占格错误,我会手把手扶着她,告诉她该如何写好拼音。然而,这些并不是一次两次就能练习成功的。课间才教过婷婷握笔姿势,上课后我就发现她依然将手指握在笔尖上。上午才扶着她的手教她写出平正的"口"字,下午收作业本时,看到她写的"口"字,依然像一个圆圈。她仍然是最后一个交作业的孩子。其他同学已经放学回家,婷婷常常会在教室里边哭边写,而我总是陪在她身边,鼓励她,辅导她,等她一起放学。

时间总是在不经意间流逝,转眼已是深秋。我对班上的孩子们有了更深入的了解,班级的工作已完全走上正轨。回顾这段时间的工作,我突然发觉最近怎么没有听见婷婷的哭声了。一天中午,婷婷遇到我时,她还用非常调皮的语调同我问好。我拿出当天的课堂作业批改,发现婷婷的作业依然是全班最不工整的。但是令我欣慰的是,她现在不会再因为字写得慢而流泪哭泣,她变得开朗大方了许多。

忙忙碌碌中,期末考试转眼间就要来临。孩子们学习的生字数量已经不少。在总复习时,我报了一次生字听写,很意外的是婷婷竟然能够完成。虽然书写质量没有什么明显变化,但是速度跟上来了。我当着全班同学的面,表扬了婷婷的进步。婷婷腼腆地看着我笑,那笑脸似乎要将我融化。我突然想起了曾经读过的一首诗,那是一个母亲写给孩子的:上帝给我一个任务,让我牵一只蜗牛去散步。我不能走得太快,因为蜗牛已经尽力在爬……难道,婷婷就像那只蜗牛?如果是这样,那我先陪着她慢慢地向前"爬"吧。

在即将到来的春暖花开的季节,我们迎来了新学期。新学期的工作依然在平稳有序地推进,时间流逝的速度一如既往,我对婷婷的单独辅导也一如既往。每周二下午的第一节课,依然是写字课,课后批改作业本时,我发现婷婷的练习本上的字迹工整了许多,而且排列有序。再从头往后翻看,这时才发觉,每一页都有细微的变化,在每周一次的写字课上,她都有一点点进步。我又从办公桌上那一堆拼写本里找出婷婷的作业本,发现拼音书写规范,汉字平正整齐。看着婷婷的变化,我的眼眶竟然湿润了。

十多年后,我听说婷婷做了一名中学语文老师,还干得非常出色。婷婷的成长让我意识到:教育也许是一门慢艺术,我们不能操之过急。有的孩子聪明早慧,而有的孩子大器晚成,因此我们应根据孩子身心发展规律,因材施教,学会尊重、陪伴与期待。每一个孩子,都是一朵花,只是花期不同而已。就像腊月梅花香、三月桃花红、四月杏花白一样,婷婷也许就是那一朵绽放得晚一点的杏花。当然,这些花的绽放,离不开雨露的滋润。每一个孩子的自尊心,也许就是花骨朵上颤动欲坠的雨露,需要老师尽心尽力地保护那些雨露,让它们尽情滋养花骨朵,伴她成长,助她开放。也许这个过程会很漫长,但是只要我们静静等待,花儿一定会如期开放!

宽　容

严　权

　　我们的生活中,总会有出其不意的遇见,总会有不期而遇的重逢。

　　南方的初冬并不冷,反而是一年中最为舒适惬意的季节。周末,我应邀参加学术交流会,会议结束准备步行回家时,在大厅里遇到一个人,他大步朝我走来,有些激动地喊了一声:"严老师,您好!"尔后紧紧地握住我的手。我稍微茫然了片刻后,就认出了我对面这位西装革履、气宇轩昂的男子——我的学生小宇。三十多年不见,我仍然很快就认出这位曾经任性不羁的调皮学生。他紧握我的手不放,声音低沉却不失诚挚地说着:"多少年没见着您了,老师,您还好吧?当年若不是您……如今,我不知道会在哪里!"有要事在身的他,留了我的联系方式,再次紧紧地握了我的手后,道别离去。

　　如果不是今天的这次偶遇,那段深藏在心底的往事,差不多就要被我完全淡忘。这么多年过去了,对我来说,那也许只是我教育工作生涯中的一个小小片段;而对于他来说,一定是一生的记忆。夜色迷离,我的思绪穿过深深的时光隧道,回到了三十多年前的那个冬天的夜晚……

　　大学刚毕业的我,被分配到老家的一所乡镇高中,接手了高二(3)班的教学工作。经过一段时间与学生的接触之后,我对班上每个孩子的情况都有了一定的了解,工作也在有条不紊地进行。北方冬天的夜晚,天黑得早,暮色下的校园也显得越发安静。晚自习刚刚开始的时候,性格内向的小军同学焦急不安地举手向我示意有话要说,我走到他的课桌旁,躬身问他。他红着眼圈说:"我的手表不见了,我放在课桌抽屉里,等我上完了厕所回来就怎么也找不到了。那是上个月我妈妈花了八十块钱给我买的,那可是妈妈一个月的工资啊!"

　　虽然他刻意地压低了声音,但是情绪的不稳定,使得他的声音依然足以让周围的同学听得清清楚楚。小军并没有意识到同学们正在关注着这件事情,继续跟我低诉:"我怀疑是我的同桌小宇拿了,刚才我去厕所前手表还在抽屉里,而他一直坐在座位上。"小宇是小军的同桌,出了名的调皮捣蛋分子。小军说的话,小宇一字不漏地听见了,他当场就从座位上跳了起来,指着小军的鼻子嚷嚷着:"你的手表丢了,凭什么说是我拿的?你有什么证据?"

这下好了,全班同学都将目光聚集在这里。小军小声嘟囔着:"肯定是你拿的,只有你看到我把手表放在抽屉里了。"小宇抬起拳头想要挥舞过去,我赶紧用力拉住他的胳膊,阻止了他的暴力行为,并转身问小宇:"你如何能证明你没有拿他的手表?"小宇红着脖子大声喊着:"我就是没拿,你们有什么证据说是我拿的?"

我沉默地看着他,教室里突然异常安静,全班学生都在看着我,看着我是否会公正地处理这件事情。思忖了片刻,我对小宇说:"既然你说你没有拿,那应该不会反对我们搜查你的抽屉、书包和口袋。"说完,我便立刻动手将小宇课桌抽屉里的书本杂物尽数一一搬出,再一一摆放回抽屉,查遍了他的书包,翻遍了他的口袋,却没有发现手表。

同学们在一旁议论开了:小宇没有偷小军的手表,是不是小军放错了地方?还是小军刚才去厕所时不小心弄丢了?然而,此时的小宇却暴跳如雷,他僵着脖子瞪着我,扯着嗓子喊道:"你侮辱了我的人格,侵犯了我的隐私权。我要告诉我爸爸。"他一边说,一边就要往教室外面冲。我拉着他的胳膊说:"你去找你爸爸,完全可以。但是在你去找之前,我有句话要说,我说完了,你再去找,我绝不阻拦。"

我把他带到了办公室,严厉地说道:"我之所以当着全班同学的面搜查你的抽屉、书包和口袋,就是想在全班同学面前证明手表不是你拿的,你不是小偷。手表究竟是不是你拿的,我想,你比我更清楚,我心里也清楚。你好好想想。"此时他才稍微平静了一点,我们就这样僵持了片刻后,我扬了扬头示意他,说:"好了,你现在可以回去找你爸爸了。"

他歪着头离开了办公室。我回到了教室,把自己新买的手表戴在小军的手腕上,跟他说:"在手表没找到之前,先用我的手表看时间。"晚自习结束后,我写了一张寻物启事,贴在公告栏,启事的内容,无非是有拾到手表者,请交与高二(3)班严老师!

第二天一早,小宇主动到办公室找我。我对他说:"这件事情已经过去了,忘记昨天晚上的事情,今天是全新的一天。我只希望,你能够把握好今天,让你的

明天更加晴朗!"谈话到此结束,我一直盯着他的眼睛,而他眼神里的恼怒逐渐变成躲闪,我微微笑了笑,先他一步离开了办公室。待我上完课回到办公室,我的办公桌上,静静地躺着一块手表,在窗外阳光的映照下,发着金光。

　　三十多年后的今天回想起来,我深信,没有爱就没有教育,一切成功的教育都必须基于爱,借助于爱,归结于爱。教书育人,让爱做主。爱的本质是教育,爱的真谛是赏识,爱的极致是宽容。作为一名教师,我更愿意宽容、赏识我的孩子们,引导他们向更广阔的天空翱翔……

陪　伴

严　权

我一直坚信:人之初性本善,人人都需要关爱与陪伴。

新学期开始,我接手了小学一个新的班级,面对的是几十张陌生稚嫩的面孔。9月1日的第一堂课,我安排了这学期的第一次班会。看着讲台下那些充满期待的目光,我在心里暗许诺言:我会肩负起这几十份重任,不忘初心,立德树人。

班会上,自我介绍是一个热闹而令人忐忑的事情。我率先做了自我介绍,然后孩子们按照座位顺序从前到后依次报上自己的姓名。有些胆大的男生声音洪亮,而一些羞涩的女生轻声细语。轮到第二组最后一排一个瘦小的男生时,他似乎很兴奋,举着手从座位上跳起来说:"老师,我叫谢晓宸。老师,她叫西西。"就这样,他直接帮同桌的女同学做了自我介绍,惹得班上同学们一阵哄然大笑。同桌的西西用忧郁的眼神看了他一眼,手足无措,不知道自己要不要重新做自我介绍。我用手掌朝下压了压,微笑着说道:"好,大家安静。谢谢谢晓宸同学。虽然现在我们都认识了西西同学,但是老师还是非常期待西西同学自己来介绍一下自己。来,大家欢迎!"

这个小插曲,让我对谢晓宸有了特别深刻的印象。在接下来的几个月里,我发现他极其好动,总是不能安静地上完一节课,坐下来一小会就会开始扭动身体,进而慢慢离开凳子,或者跪在凳子上,或者直接躲在桌下转着笔玩得不亦乐乎。有时候他会在上课时拉扯前排女生的辫子,或者将同桌的橡皮擦扔出去,然后看着橡皮擦滚出去的样子偷笑。也经常有学生向我告状,说谢晓宸时常躲在教室门后面,趁同学进教室时突然将门向前推,吓得小女生哭了起来,或者躲在窗帘里面伸手抓住路过的同学,看着同学挣扎尖叫,他却哈哈大笑。几位任课老师和班上的同学都在刻意疏远他,这不是我愿意看到的结果。我找机会和他谈过几次,可是他没有丝毫的改变。

这天下午的第一节课,看着孩子们进入教室后,我并没有离开,而是站在教室后门旁的窗户边悄悄关注教室里的情况。老师进来后,发现谢晓宸同学的座位上没有人,通过学生们的目光指引,发现他藏在课桌下面不出来。老师过来批评他时,他却与老师顶嘴并从后门冲出了教室,恰好撞在我的身上。我默默地看了他一眼,忍着心头的怒火,严肃地对他说:"回教室,好好上课,下课后到办公室来找我。"后来,谢晓宸并没有到办公室找我,我也因事务繁忙而忽略了这件事情。可是谢晓宸同学的问题一直停留在我的脑海里,这是一个必须解决的问题。

接下来的两天里,谢晓宸在课堂上很安静,安静得有些异常。每次我的目光触及他时,他总是嘟着嘴别过头去,丝毫不打算与我沟通交流。这天,在学生们自习时,我又一次到教室外巡视,发现谢晓宸将手里的中性笔拆开,再装进去,又拆开,再装进去,如此反复。我想了想,走到谢晓宸身边,拿起他课桌上的另一支中性笔,学着他的样子,拆开,装上,再拆开,再装上……一开始,谢晓宸用意外的眼神看了我一眼,然后继续装卸中性笔,只是似乎暗暗地较了劲,好像在和我比速度。于是,我也调整了自己的速度,假装很努力地想要超越他,最终却总是差一点而败给了他。一节课过去了,当下课铃声响起时,谢晓宸停止了手上的动作,他躲闪的目光里,夹杂着一丝欣喜。他站起来对我说:"老师,我要去洗手间了。"我微笑着摸摸他的头,点头示意他离开。

在此后的日子里,每次在学校里遇到谢晓宸,他都会主动同我问好,在我的课上,他的表现也与以往不同,作业完成得也非常认真。现在的他,似乎是有意要在我面前表现出自己好的一面,希望用这种方式得到我的关注与认可吧。八九岁的男孩子,大多喜欢探寻一些奇特的自然界的奥秘。当我看到家中书柜里那本《百科全书》时,心里有了决定。趁着课间时间,我把谢晓宸带到办公室。当我把今早带来的这本《百科全书》拿出来时,谢晓宸不解地看着我。我把书递到他面前说:"这里面有许多有趣的知识,你要不要看一看?我敢保证都是你感兴趣的内容。"谢晓宸为难地看着我说:"老师,我不喜欢看书,我可以不看吗?"

我并没有因为他的话而生气,也没有放弃,而是微笑着对他说:"这本书里有许多你的同学们都不知道的知识,你看了以后可以讲给他们听,让他们也知道更多有趣的知识呀!要不要试试?你还可以来考我呢,虽然这本书我也看过,但是有些内容也记不清楚,正好你看完后来考考我吧!"谢晓宸迟疑地望着我,脸上却露出一丝期盼的表情。我知道,他动心了。我摸摸他的头说:"下个星期,等着我们的谢晓宸'老师'来考我!"然后我边转身边对谢晓宸说:"要上课了,咱们赶紧去教室。"谢晓宸拿着书默默地跟在我身后,进了教室。

  谢晓宸并没有来考我,但我看到他在课间和午间休息时,都没有像以前那样捉弄同学,而是安安静静地看着这本《百科全书》,似乎兴趣很浓。而他看书的样子,引起了许多同学的注意,有些同学甚至挤在谢晓宸的身边与他一起看,偶尔还会讨论交流。后来我带上了十几本女儿小时候看过的书,放在办公室。在一个合适的时间里,我邀请谢晓宸来办公室选书。这次他没有拒绝,而是非常开心地选择自己想看的书。看着他难以抉择的样子,我不禁想笑。其实这些书都是为他准备的,最终这些书都会成为他最好的伙伴。自从爱上看书,谢晓宸似乎变了一个人,课堂上的专注力有了很大的变化,还成为了班上的"小百科全书"。自信的力量是不可估量的,得到大家的认可是谢晓宸快乐的源泉。元旦前夕,学校举办了百科知识大赛,谢晓宸就像一匹奔腾的野马,披荆斩棘,获得第一名。这一次,谢晓宸成为了全班同学的骄傲,而且他的期末考试的成绩也出乎我的意料,有了很大的提高。

  谢晓宸的转变,使我陷入了沉思。陪伴或许就是最好的教育。谢晓宸其实是一个善良的孩子,他的调皮就是为了引起别人对他的关注。他非常渴望得到同学的友情与老师的关心,只是表达的方式不太恰当。悟出这个道理之后,我就有意陪伴他装卸中性笔,让他意识到老师并没有嫌弃他,老师还是爱他的,从而拉近师生之间的距离。亲其师,信其道。然后我又引导他读书,读书不仅使他学到了一些知识,培养了他的自信,更重要的是使他明白了一些做人的道理。慢慢地,他与老师和同学们也相处融洽了,有了知心朋友。看到谢晓宸的转变,我倍感欣慰。其实,只要我们真诚善待孩子们,真心关心他们、赏识他们、包容他们,陪伴他们一路向前,一定能够让他们从内心里感受到被关爱的温暖。我希望他们长大后也能成为一个给予他人温暖的人。这只是一个开始,我相信谢晓宸一定会越来越好,我们的孩子们都会越来越好。作为一名老师,我最愿意做的事情就是陪伴着他们一起面对困难,陪伴他们一起在前进中成长。

第二篇 教育小故事

因材施爱

严 权

生活中,很多我们想当然的事情,其实并不如我们想象那般。就如同这温暖的南方,也会有寒冷的季节。

12月的阳光,已经失去了夏日的炎热。这个时候的北方,大概已经是白雪皑皑了。南方的冬天,也在这湿冷的空气中款款而来。新学期开始,我接任了一个新的班级,成为了小学三年级(1)班的班主任。几个月相处下来,我深深地喜欢上了这个大家庭。在我看来,这个大家庭里的每一个孩子,都是降临在人间的天使,他们单纯、真诚、热情。我总是非常享受融入他们之中的快乐与幸福,虽然时常也会因他们的顽皮而气恼,也会在为他们收拾残局时而感到无奈,然而我依然深爱着我的每一个孩子。

昨天晚上下了一场小雨,早晨出门前,我换上了薄棉衣。雨虽然已经停了,但气温却很低。在学校门口,我突然看到走在前面的一个小女生身上穿着单薄的外套,脚上穿的却是一双塑料凉鞋。我下意识地加快脚步走到她的前面,回过头看她时,却发现这个孩子就是我们班的小芳。小芳是个不爱说话的女孩子,平常总是衣着单薄,给我留下的印象非常深刻。这时她也看到了前方的我,简单地同我问好后,继续前行。她冻得瑟瑟发抖,我却在她的脸上捕捉到了一丝丝清高与孤傲。

整个上午,小芳脚上的那双凉鞋,以及冻得发紫的嘴唇,还有她高傲地昂着头的表情,像一把细细的钢针,时刻戳着我的心脏,使之隐隐作痛。趁着午间休息时间,我果断地回了一趟家,把前几天刚给女儿买的一双皮鞋和棉衣拿到了学校。在放学前我把小芳叫到办公室,把装着衣服和鞋子的纸袋塞给她并轻声对她说:"把鞋子换上,穿暖和一点,天冷,别着凉了。我女儿和你一般大,你应该能穿的。"小芳沉默地看着我,转身离开了办公室。

我一颗悬着的心落了下来,没有时间去多想什么,学生们已经放学回家,我准备去教室做最后的检查。在迈进教室时的一刹那,我看到刚才给小芳的纸袋出现在教室的讲台上,她并没有拿走衣服和鞋子。教室里此时空无一人,很显然小芳已经回家了。

  时间总是在周而复始中流逝,第二天我依然如平常一般提前来到教室,等到上课铃声响起后,小芳却没有来,直到下课仍然没有见到她。她家的电话也停机了。我在忐忑不安中度过了两天,小芳仍然没有回到学校。我决定要去小芳家里看看。下班后,我艰难地寻找着小芳的家。狭窄的巷子很静,出现在我眼前的是一个老旧的小院子,只有铁门边一盏昏黄的路灯照亮着人们回家的路。院子里有两栋四层的老式单元楼,看上去大约是20世纪80年代的建筑,水泥外墙斑驳破败,几乎所有住户的阳台都是最原始的敞开式,堆着或是挂着各家晾挂的衣服和其他杂物。当我敲开门时,小芳逆着光站在屋里看着门口的我,有一丝意外在她的眼中稍纵即逝。她依然保持着开门的姿势,充满敌意地对我大声喊着:"你来我家干什么?我才不稀罕你女儿的衣服和鞋子呢!你走,不要来我家。"

  我还没来得及说什么,里屋走出来一位中年男人,披着一件洗得发白的外套,头发蓬乱,面色苍白,似乎是刚从床上爬起来。他有些虚弱地问我:"您是?"我赶紧自我介绍:"我是小芳的班主任严老师,您是小芳的爸爸吧?"小芳的爸爸一边点头一边转向正搀扶着他的小芳说道:"小芳,快请老师进来。"小芳满脸不情愿地瞪着我,搀着爸爸朝屋里走去,边走边回头看我一眼说:"您进来吧。"

  小芳搀扶着爸爸坐在椅子上,转身给我搬来一个凳子后就进了厨房,我坐在小芳爸爸对面,笑着跟他说:"小芳这几天都没有去上学,您的电话也打不通,老师和同学们都很担心她,我来看看,了解一下情况。"而小芳爸爸的一番话,令我深深地心痛与自责。

  原来在小芳刚刚一岁的时候,小芳的父母就离婚了,随后妈妈去了外地,从此就失去了联系。一岁多的小芳与爸爸相依为命,而体弱多病的爸爸连温饱问题都很难解决。而倔强的小芳宁愿挨冻受饿,也不愿接受亲戚邻居的帮助。她家靠着低保维持生计,爸爸买药的钱都不够。小芳从来不向爸爸提任何要求,只是自己默默地承受。看着这个家徒四壁的老房子,想着此时躲在厨房里不出来见我的小芳,我的内心除了心痛,更是自责。作为班主任,对于学生的困难毫不知情,并用自以为是的方式去表示关爱,却造成了更大的伤害。让我感到庆幸的是,原本已经打算就此退学的小芳,在我的劝说下答应回去继续上学。离开小芳家

时,小芳送我出门,自始至终一直沉默着。难以想象,一个父亲病重又失去母爱的小女孩,会怎样成长,又将怎样面对今后的人生?

时间过得真快,恰好又到了月初,是每个月班干部轮换的时间。我让小芳担任了卫生委员,并提出希望她能够帮助那些卫生习惯不好的同学纠正坏习惯,帮助不太会打扫卫生的同学学会扫地、拖地等力所能及的事情。半个月过去了,我惊喜地发现,小芳在帮助同学的过程中,感受到了自己被需要的快乐。渐渐地,小芳开始与同学们交流,融入其中。

快乐的时光总是匆匆流逝,又一个月过去了,下一轮的班干部轮换开始了。让我感到意外的是,小芳毛遂自荐,推荐自己担任语文课代表。这时我却犹豫了,我担心同学们不配合她,担心她不能顺利开展课代表工作,会对她造成新的伤害和打击。考虑了许久后,我决定找小芳谈一谈。

这是一次愉快的谈话,小芳看到我的时候羞涩地微微一笑,我轻松地回应了她一个微笑,开始了我们的谈话。"老师想要对你表示感谢!"小芳诧异地看着我,不知道接下来我要说什么。"这段时间咱们班的卫生情况非常好,这都是你带着同学们做出来的成绩,老师由衷地感到开心。更让老师感到开心的是,看到你在这么短时间内有了很大的变化,尤其是你愿意去帮助需要帮助的人,老师觉得你是最棒的!"

我语音刚落,小芳就恳切地回应我的表扬:"严老师,我现在明白了人与人之间有了困难应该互相帮助,我以前一直觉得我是一个被所有人忽视的小孩,没有人会爱我,是我误会大家了。"我无比欣慰地摸了摸她的头,还没来得及说话,小芳接着说道:"严老师,今天我推荐自己当课代表,就是想用自己语文学习的优势帮助其他语文成绩不好的同学,我也希望我的英语能够得到成绩好的同学的帮助,大家互相帮助,咱们班一定会越来越好。"

听到这里,我还能说什么呢?回想那次我拿着女儿的衣服和鞋子送给小芳的时候,她是那么的抵触。我的行为本无恶意,是在没有充分了解情况下自以为是的施舍,却给小芳造成了极大的伤害。小芳需要的并不一定是物质上的给予,更应该是发自内心对她的尊重与信任。教师关爱学生就是要尊重与信任学生,用尊重和信任来培养学生的自尊和自信。忽然间我意识到,我应该感谢小芳——我的学生,她给我上了非常珍贵的一课,让我明白每个孩子都是一个有着强烈自尊心的独立个体,而我内心对孩子们的关爱,不应该是批量发送,而更应该是根据学生的个性和特点因材施爱。

因材施教

严 权

我一直以为,爱美是女孩子专属的天性。其实不然,爱美之心人皆有之,不分男女,不分年龄。至于审美观,青春期的孩子往往是懵懵懂懂,却又自以为然。有些时候,不免让人为之着急,又哭笑不得。

今天早自习,我照常到高二(5)班巡查。同学们还在陆陆续续走进教室时,我也从教室后门进来了。三组最后两排聚集了几个男生在议论着什么,我走近他们身边竟未被发觉。平日里喜欢音乐的宇泽说:"我觉得还是长头发好看,更有艺术范儿,短发太普通了,没个性。"宇泽的同桌兼好友认同地点头:"我也想留长发,还想把头发烫蓬松一点,可以做造型,那就更好看。"前桌的鹏飞一脸嫌弃地说:"你留长发就已经够标新立异了,还要烫发?会是什么样子?"另一个男生接着摇头说道:"想象不出。呃,嘘,严老师来了!"他们还来不及坐回自己的座位,我已经走到了他们身边。

我笑着问道:"关于留长发是否好看的问题你们讨论出结果了吗?"鹏飞讪讪地笑道:"呵呵,严老师,我们讨论了很久也没有得出结论。"我抬起一只手扶在他们桌上堆得高高的课本上说:"至于这个问题,我想,最有发言权的人应该是女生。你们留长发,不就是想给心目中的女生看吗?可以问问女同学对这件事情的看法。"宇泽和几个围在一起说得热闹的男生都一怔。我笑着看了他们一眼,转身向前走上讲台,看着下面的同学们,我故作神秘地说道:"今天早自习开始之前,我们全班同学来讨论一下,男生留长头发是否好看?"同学们稍微愣了片刻,很多女同学开始交头接耳,时而发出轻轻的笑声。很明显,由于碍于情面,没有一个女生肯就此话题当众说出自己的想法。

为了不耽误大家自习,我提议由语文课代表和英语课代表两位女同学今天白天利用课余时间组织几位女生就此问题去做一次调查,调查对象是学校里各

个年级的女生,并于晚自习时将调查的结果交给我。两位女生很认真地完成了任务。等到晚自习快结束前,我特意留出了几分钟时间,拿着调查结果,站在讲台边说:"同学们,今天晚自习快要结束了,剩下的时间,我们继续来讨论今天早自习的那个话题——男生留长发到底好不好看。我手里拿的,是今天白天几位女生在校园里调查的结论。我想请几位女生来分别将这几份调查问卷的结果公布出来。"

我叫了班上几名五官清秀、成绩优秀的女同学到讲台上来,让她们依次将调查问卷的结果念出来。她们朗诵向来是声情并茂,将调查结果读得有声有色,就好像是把自己内心的想法娓娓道来。

"我不喜欢留长发的男生,一看就是不专心学习的人。"

"我比较喜欢干净、清爽的男生,如果篮球打得好,那就更帅了。"

"男生留长发呀?我感觉怪怪的,好像很邋遢的样子。呃,如果我的同桌是这个样子,我一定要求换座位。"

女生们继续读着,男生们时不时地哄笑,或者唏嘘不止。当读到有女生认为男生的长发被高领毛衣拱起来就像要打鸣的公鸡尾巴时,全班同学哄堂大笑。我跟着他们一起笑着说:"我觉得这位女生打的比喻很形象。由此可见,女生并不欣赏男生留长发,而彬彬有礼、阳光开朗、干净利落、健康刚毅的男生才是女生心目中的帅哥。"我的目光落在三组最后一排,宇泽同学沉默着,似乎若有所思。下晚自习课的铃声响起来了,我收起讲台上的纸张,一边准备离开教室,一边说:"这个话题就此结束了,同学们明天见。"

接下来的一段时间,班上所有的男生都很自觉地去理发,包括宇泽同学,他并没有蓄起他心目中认为颇具艺术范儿的飘飘长发,反而是把更多的精力投入到了学习和体育锻炼中去了。

作为一名老师,我期望所有孩子的青春岁月都能美好地度过。我并不希望简单粗暴地去压制孩子们的独特个性,但是,也不愿意看到自己的学生朝着错误的方向越走越远。而青春期孩子们的叛逆众所周知,老师的言行稍有不慎,就有可能将他们推向相反的方向,与我们教育的初心渐行渐远。头发的长短,似乎不是一个很大的问题,却有可能成为一根"导火索"。我更愿意做的就是针对青春期孩子的心理特点因材施教,将这根"导火索"变成"牵引绳",引领着青春年少的他们朝着有阳光的方向前进。

因势利导

严 权

"那是在去年的初秋,我遇见了你,就仿佛看到了傍晚天边的一道彩霞。你的出现,让我又惊又喜。只一眼,我就喜欢上了你,这大概就是所谓的一见钟情吧!"批改完上一本作业,当我翻开下一本时,出现在眼前的竟然是这样柔情的文字。这是一封情书,信的主人是我们班里的一位男生——小睿。而收信人的名字,静静地浮现在这一篇青涩的情书中,那是一名成绩优秀的女生。她的各科成绩都很优异,琴棋书画样样精通,为人处世也比同龄女孩子显得沉稳大方。也难怪,连我这位老师都在心里默默地欣赏着这位学生,更何况是同龄人的他。只是,身为班主任,我却更加担心,刚刚进入高二,人生的关键时期,若是为此事分心,影响了学习,对他而言,也许是人生的一大憾事。

下晚自习的铃声响起,我来到教室门外等小睿。当他从里面走出来时,我轻声叫住了他,示意他跟我走。他有些忐忑不安地跟在我身后,来到篮球场。夜色中的篮球场空旷安静,在这样的环境中,小睿越发不安,担心我接下来说的话会打破此时的平静。我拉他在篮球场边的水泥看台上一同坐下,并将手里的那封信递给他。他狐疑地看着我,把信接了过去。当他打开那封折叠好的信件的瞬间,他的脸涨得通红,两眼盯着地上,不敢看我。我轻轻地拍了拍他的后背说:"别紧张,我只是找你聊聊天。"

小睿低头沉默地看着地面,手中的信件被他不断地折过来折过去,看得出来,他的内心非常不安。毕竟,早恋在这个时期是一个异常敏感的话题。他大概也不相信我会如此平静地和他说话。为了打破沉默,我主动和他谈起信中的那个女生。我说:"在我们班上,不,在我们学校高二年级,最出色的女生,应该就是她了。窈窕淑女,君子好逑。欣赏她的人,肯定不止你一个。你欣赏她,这很正常。我想了解一下,你欣赏她哪些优点?"

"我,我……在高一开学时,第一次见到她,就觉得她非常特别,与众不同。她身上似乎有一种光,让人情不自禁地想要关注她。与她同班学习一年多,发现了她有很多闪光点。她写得一手好字,钢笔字和毛笔字都写得非常漂亮。她还会弹钢琴,我知道她钢琴过了十级。元旦联欢会上,她弹钢琴的样子真好看。她的英语水平也不错,每次英语考试成绩都是全班第一名。她还能讲一口流利的英语,我还经常见她看原版英文书。看着她那么完美,我会情不自禁地想要接近她,希望她也能关注到我。"小睿稍事迟疑后一口气和我说了这么多。听他说完,我悬着的心放了下来。看时间不早了,我站起来,小睿也快速地跟着我站了起来,我们一边往回走,一边接着刚才的话题。"每个人都有自己的内心世界,你的这份情感确实很珍贵,我尊重你。只是,你有没有想过,如果她看到你的信后,她会对你另眼相看,还是根本不会关注到你?也许她会从内心里瞧不起你,因而要与你拉开距离。你看看你写给她的那封信上的字迹,那么糟糕,我都不想多看一眼,她也许也不想多看呢!"我轻轻一笑后,接着说:"老师就事论事,不是打击你哦!她的英语成绩总是全班第一,你欣赏她的英语水平高,那么,你觉得,她会欣赏什么样的人呢?"

听到这些话,小睿突然停住脚步,若有所思地看着我。我笑了笑,指着前方示意继续走,我继续说:"我有个想法,你倒不如从现在开始,好好练练字,好好学习英文,把字练好,把英语水平提高。我办公桌里刚好有两本英文书,其中一本是双语,对你来说,应该可以读下去。另一本是原版英文书,不过,我想,只要你努力,应该也可以读懂。等你读完这两本书后,如果还想看,我家里还有很多英文书籍。哦,对了,我家里还有一些英文原声电影光碟,明天给你带几盘过来,相信你会爱上英文原声电影的。"

很快,我们来到了办公室。我从抽屉里拿出那两本书递给他。他仍然犹豫不决地将书接了过去。我用轻松的语气笑看着对他说:"等你写得一手好字后,再给她写信,胜算的可能性会更大哦!若是有一天你能用英语和她讨论某部电影里的故事情节时,也许她真的会欣赏你呢!"沉默片刻后,我看到小睿的目光坚定了许多,我心里不由感到一阵轻松。走出办公室,我们各自转身,在转身的同时,我大声对他说:"我相信,你一定可以的。加油!"他站在我身后轻轻说了一声:"老师,谢谢您!"

后来的日子里,小睿一直默默地努力着。练字是他每天必做的事,他又向我借过几次英文书,顺便又借走了几盘英文原声电影光碟。而令我欣慰的是,他并

没有偏倚于英语这一门学科,在整个高二和高三学年期间,他认真对待每一门学科,专心致志地学习。付出一定会有收获,他的各科成绩都有了很大的进步。确切地说,是让人刮目相看的跨越。

顺境时的光阴总是飞快流逝。转眼两年过去了。9月,这一届的学生就要进入大学校园。小睿在暑假接到大学录取通知书后,第一时间打电话向我报喜,他选择了一所重点大学的英美文学专业。也许在他进入高中时,一定不曾想到,他将来会与外语结缘,更不会想到,大学毕业后他又考上英美文学硕士、博士研究生,并且在毕业后还从事了外国文学的研究工作。每次当我在这一领域看到他的名字,知道他在这一领域越飞越高时,都会由衷地感到欣慰。

当然,我不曾问过他与那个女生的情况,虽然在后来的岁月里他一直同我保持联系。回首过往,我常常会感慨那次谈话。如果当时我没有选择站在他的角度去考虑问题,而依照自己的第一反应鲁莽冲动地处理了那件事情,我不知道当时的小睿会不会成为今天的小睿。值得庆幸的是,我针对学生成长过程中的一个个小插曲,循循善诱,因势利导,常常能帮助他们导出不一样的人生!

长善救失

严 权

人生,总会有不断的别离与遇见。尤其是作为教育工作者,每年的毕业季,总是充满了不舍与怀念;而在开学季,则又满是信心与期待。

新学年开学前两周,我接到学校通知,下一个学期我的工作有所调整,将不再教之前教了两年的那个班级,而是要接手一个新的班级。原来的班主任徐老师跟我交接工作时,重点提了班上一个叫小锴的男生。他是一个问题学生,总是喜欢跟同学闹恶作剧。不是惹是生非,就是在上课时呼呼大睡。他经常会把班上的女生画成漫画形象,有时在本子上画,有时还会在黑板上画。当女生看到黑板上自己的漫画形象时,会气得掉眼泪,而围观的男生们却总是哄堂大笑。如此一来,女生会哭得更凶,教室里瞬间就乱成一锅粥。同学们和几个老师都不太喜欢他,甚至有些讨厌他。小锴这个男生,让老师和同学们都颇为头疼。

开学前我决定到小锴家里去看看。一天下午,我与小锴的家长约好时间家访。到小锴家时,开门的是位老人。我做了自我介绍,老人家也做了自我介绍,他是小锴的爷爷。当坐下后,我看见小锴坐在卧室的书桌前涂涂画画。小锴的爷爷招呼小锴过来和我打招呼,我发现站在我面前的小锴,原来是一个可爱的小胖墩,虎头虎脑的样子,倒也不是我想象中的蛮不讲理的孩子。很明显,小锴并不想和我们共处一室,我笑着说:"你是我这学期第一个家访的学生,见到你我很开心!你去做你的事情吧,我和爷爷说会话。"小锴飞快地转身回到窗前的书桌前继续着他的忙碌。

小锴的爷爷给我倒上一杯热水后,慢慢地说道:"小锴这个孩子呀,在学校总是惹是生非,请过了好几次家长,可是他爸爸做生意很忙,也没有时间管他,每次都是我去学校。对不起,这孩子给老师们添麻烦了!"我接着说:"您别这么说,学校里的每一个孩子,我们都要关心、教育,教育好他们是我们的责任。今天我来,

就是想了解一下小锴在家里的情况,也是为了方便我们在以后的工作中更好地引导他。"

小锴的爷爷眼眶中似乎泛着泪光,他用手快速地擦拭了一下眼睛后,继续和我说道:"他爸爸妈妈在他刚过一岁时就离婚了,他妈妈离开了本地,再也没有来看他,他爸爸常年忙于生意,没有时间顾及孩子的学习与生活。他从小就是跟着我们老两口生活,前几年,他奶奶因病去世了。奶奶在的时候,对孙子的照顾无微不至。可是奶奶走了后,我对他的关心也不够,他也越来越不听话了。因为他调皮,也没有同学愿意跟他玩。我老了,我也管不了他了。"了解到小锴的大致情况后,我安慰了老人家几句,然后就离开了。

忙忙碌碌中,迎来了开学第一天。在放学前的最后一节课上,我安排了一些班上的事情,最后假装无意间对小锴说:"我听说你画画非常棒,咱们这个学期的第一次黑板报就交给你了,老师再找几个同学帮你,你们一起齐心协力,以'开学啦'为主题,办出一期高质量的黑板报!"看得出来小锴有些忐忑,我没有给他拒绝的机会,就直接安排了两名有书法和写作基础的同学,让他们去办公室领粉笔,然后开工。

新学期开始,总会有许多烦琐小事。时间过得飞快,一个星期转眼就过去了。第二周周一早上去学校时,我在教室门口遇到早到的小锴,我问他黑板报办得怎么样了?小锴有些羞涩,红着脸说:"星期五放学后,我和同学们把最后的插图画完,就全部做好了。我今天早点来想检查一下,看看还有没有问题。"我用赞许的目光看着他,和他一起来到教室后面的黑板前。这真是一幅不错的作品,颜色鲜艳却不杂乱,板面错落有致,图画灵动逼真,文字充满了正能量。我特别留意了小锴的画作部分,不得不说,这孩子,确实有这方面的天赋。看着我频频点头,小锴会心一笑。

教室里陆陆续续有学生进来,我摸摸他的头说:"非常好!你们几个办的黑板报简直就是太完美了!"看着我竖起的大拇指,小锴捂着嘴,边笑边偷看着我脸上的表情。我假装毫不经意地对他说:"既然你们黑板报办得这么漂亮,那么咱们这个星期主题班会的黑板设计也交给你们了。班会在本周五下午最后一节课开,你去找那两位同学一起商量,你们在开班会之前完成。"

也许是因为小锴忙于办黑板报而没有时间去做别的事情,开学这两个星期,小锴再也没有给其他同学画漫画,也不见他在课堂上睡觉。这一次,主题班会的黑板报设计,依然没有令我失望。班会上,我首先表扬了小锴和他的小伙伴们。

班会结束后,同学们陆陆续续地回家了,我在学校门口遇到正要出校门的小锴,我与他一起边走边聊:"虽然老师认识你的时间并不长,但是从你的画作中,我能够看出,你在画画这方面确实很有天赋,而且还下了不少的功夫,你非常棒!你有好的作品,也可以拿给老师欣赏欣赏,说不定老师还可以把它们推荐给报社和杂志社呢,将来我们也许可以在报纸和杂志上看到你画的画哦。"

周一,小锴真的拿了几张水粉画给我。我为他联系报社与杂志社的编辑,向他们推荐小锴的作品。而此时恰逢某机构举办儿童绘画大赛,我鼓励小锴积极参加。有付出,就有收获。小锴同学的作品在大赛中获得一等奖,同时也传来了好消息,有家杂志社选用了他的作品。而在这期间,小锴与同学们的关系得到了极大的改善。孩子们原本是这个世间最单纯的群体,他们真诚、善良。在得到同学们的喜爱与尊重后,小锴愈发自信,从而更加懂得尊重同学,尊重老师,尊重身边的每一个人。看着小锴的变化,我无比欣慰,只是,马上就要期末考试了,而他的平时测验成绩并不理想。

这周测试的卷子批改出来后,我拿着小锴的试卷来找他。他有些窘迫地看着我,大致知道我要和他说什么。我与他并排坐在他的座位旁边,并没有责备他,我轻声地对他说:"你能够画出那么好的画作,说明你很聪明,既然聪明就一定能够把文化课学好。我相信你!明天,我安排咱们班很优秀的小涵同学做你的同桌,你可以多向她学习,多问问她。有不懂的,当然也可以问老师。"

从那天开始,小锴对待文化课的态度有了非常大的转变。我经常能看见他与同桌讨论学习,也能在课堂上看到他举手发言,作业的书写工整干净,课间与同学们的交流也渐渐多了起来。更让我吃惊的是,这个小胖墩的衣着发型也干净利落了许多,偶尔还能在放学时见到他的爸爸来接他回家。虽然,在短期内也许还看不到小锴的成绩有很明显的提高,但是,这些细微的变化,还有他对自己的严格要求,是令人欣喜的。

小锴的变化,使我陷入沉思。教育是什么?教育也许就是尊重与信任,是赏识与引导,是长善与救失。《礼记·学记》里有一句话:"教也者,长善而救其失者也。"作为一名教育工作者,我更愿意去发现孩子们的优点与不足,客观评价,然后有意识地去创造条件,鼓励他们发扬优点,克服缺点,让他们的优点成为一双有力的翅膀,带着他们往更高处翱翔。

第三篇　新课程改革

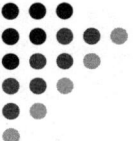

论新课程改革中的教师角色转变

严 权

摘　要：当前,我国正在进行新一轮的基础教育课程改革,这对教师来说是个巨大的挑战。为了适应新课程改革,教师不得不转变角色:由知识的传授者转变为学生自主学习、合作学习、探究学习的引导者,由传统的"教书匠"转变为专家型教师,由教材的执行者转变为课程的开发、研究和评价者,由"知识权威"转变为学习型教师,由教学的孤立者转变为教学的合作者,由应试教育的执行者转变为培养学生全面发展的促进者,由"学校"型教师转变为"社区"型教师。

关键词:新课程;教师角色;转变

全面推进素质教育,切实确立教育优先发展的战略地位,是实现我国"科教兴国"宏伟目标的关键。基础教育课程改革是完善基础教育阶段素质教育体系的核心环节。加快课程改革,优化教学过程,构建面向21世纪的适应时代要求和我国国情的基础教育课程体系,是关乎国民素质提高和民族复兴的大业。基础教育新课程改革是一项复杂的系统工程,它涉及培养目标的变化、课程结构的调整、国家课程标准的制定、课程的实施、课程资源的开发与管理、课程评价体系的建立、师资培训的开展及保障支撑系统的构建等。其核心任务是促进每个学生得到最大限度的发展,其根本途径是通过转变教师的教学模式来转变学生的学习方式,为学生构建一个自主、体验、探究、合作、交往的学习平台。这对教师的教育理念、教学方式、现有的知识储备等来说无疑是一种挑战。因此,教师只有更新教育理念、改革教学模式、转变传统角色,才能适应新课程改革。

文章来源:《教育探索》,2005年第2期(总第164期),有修改。

一、由知识的传授者转变为学生自主学习、合作学习、探究学习的引导者

在传统教学中,一提到教师的任务,人们自然而然地联想到韩愈在《师说》中所叙述的"师者,所以传道、授业、解惑也",而且认为这三个方面是紧密相连的,是教师的基本任务。其中"传道"是教师的首要任务,为了能更好地进行"传道",就需要进行必要的"授业"和"解惑"。"传道"是目的,是方向;"授业"和"解惑"是"传道"展开的过程和手段。人们普遍认为,教师授课越充分、越仔细越好,学生越"听话"、越安静、越能跟着教师的思路走越好,学生记忆的东西越多越好。这是传统的教师、教材、课堂"三中心"观念对教学的影响。这种教学只关注"教",而没有关注"学"。由此带来的就是教师的"满堂灌"和"注入式"的教学方式,学生的学习受到很大的限制,学生成了被动的储存知识的"容器"。

新课程的教学观认为,教学是教师的"教"与学生的"学"的统一,这种统一的实质是"交往"。教学过程既是师生交往、积极互动、共同发展的过程,也是课程内容的持续生成、转化和课程意义不断建构与提升的过程。新课程要求教师必须根据具体的教学情景进行创造性、主动性的劳动,摆脱"凝固"和"单调",创造生机勃勃的课堂教学氛围,使教师和学生在教学活动中焕发出活力。我们要改变传统教育的"三中心"观念,注重学生创新精神和实践能力的培养,将接受式学习转变为发现式学习,将接受知识的同化过程转变为发现知识的顺应过程。这样就要求把学习过程之中的发现、探究等认识活动凸显出来,使学习过程成为学生发现问题、提出问题、分析问题、解决问题的过程。要倡导学生自主学习、合作学习、探究学习,教师就必须着眼于发掘学生的潜能,促进学生的个性发展,促进学生可持续发展。因此,要求教师从"传道、授业、解惑"的知识传授者转变为学生自主学习、合作学习、探究学习的引导者。

二、由传统的"教书匠"转变为专家型教师

在中小学教师的职业生涯中,传统的教学活动和研究活动是彼此分离的。教师的任务只是教学,研究被认为是教育专家们的"专利"。教师不仅鲜有从事教学研究的机会,而且即使有机会参加,也只能处于辅助的地位,配合专家、学者进行实验。这样的做法存在明显的弊端:一方面,专家、学者研究的课题及其研

究的成果并不一定为教学实际所需要;另一方面,教师的教学如果没有一定的理论指导,就容易固守在重复旧经验、照搬老办法的窠臼里而不能自拔[1]。

新课程所需要的是专家型教师。新课程所蕴涵的新理念、新方法以及在新课程实施中所遇到的各种各样的问题,都是过去的经验和理论难以应付和解决的。教师不能等待别人把研究的成果送上门来,要主动积极地进行教育教学研究。教师遇到的教育教学问题具有极大的实践性和情境性,因此教师可以从现在起,每天坚持写点教育教学心得,把在具体的教学实例中的体会记下来,日积月累并将其提升到理论层次,这样就会成为一串串的"珍珠"。当然,对在教育教学中遇到的问题也可以采用行动研究法来进行反思性实践研究和总结。可以说,教师的教育教学心得和教师的"行动研究"把教学与研究有机地融为一体,它是教师由"教书匠"转变为专家型教师的前提条件,是教师持续发展的基础,是提高教师教学水平的关键,是创造性实施课程的保证。

三、由教材的执行者转变为课程的开发、研究和评价者

在传统教学中,教学与课程是彼此分离的。教师被排斥在课程之外,教师的任务只是教学,只是按照教科书、教学参考资料、考试试卷和标准答案去教,课程游离在教学之外。作为课程主角之一的教师沦为消极和被动的课程执行者,连对教科书的自主选择和重组尚且不可能,更谈不上对校内外各种课程资源自觉广泛的开发和对现代课程发展趋势进行创造性的研究。

新课程要求教师积极参加课程的开发、研究和评价。《基础教育课程改革纲要(试行)》强调教师要"积极开发并合理利用校内外各种课程资源"。这就要求教师将自己对特定学生个体和具体课程内容的理解转变为一种动力融入新课程改革中去,从而在中国教育史上空前地凸显课程改革的新理念;教师即课程。唯有如此,教师的教学创造力才能伴随着课程改革而得到奇迹般的自由发挥。学校可利用的课程资源极其丰富,可以是校内的图书馆、实验室等,也可以是校外的科技馆、博物馆、工厂、农村、部队等丰富的社会资源和自然资源,还可以是可供积极利用和开发的信息等课程资源。新课程制定了国家课程、地方课程、校本课程三级课程管理政策,这就要求课程开发必须与教学相结合,教师必须在课程开发中发挥主导作用。教师不应只是课程实施的执行者,而应成为课程的开发、研究和评价者。

四、由"知识权威"转变为学习型教师

过去,由于知识更新速度慢,学科内容和教材相对稳定,再加上体制的因素,许多教师长年累月只念"一本经",教上几年书,大致熟悉了教书的套路之后,便把自己的教学模式变成了周而复始、固定不变的"老簿子",老死都不变的"老皇历",一辈子都诵读的经书。这样,教师俨然成为了"知识权威"。

教师只有转变为学习型教师,才能适应时代变迁和新课程改革的需要。20世纪中叶之后,人类知识增长和更新的速度加快,老化周期缩短。在这种情况下,学校传递知识的任务加重,同时,一个人毕业以后还必须接受继续教育、回归教育。终身学习是21世纪的生存理念,对教师这一职业而言尤其如此。教师不仅要跟上时代的发展,而且要面向未来。新一轮课程改革要求学生进行探究学习、促进学生意义建构、帮助学生形成完美的个性、开发校本课程等,这些都要求教师有相应的知识结构、教育理念、文化素养和道德素养。因此,教师只有不断学习,才能在新一轮课程改革中不迷失方向。

五、由教学的孤立者转变为教学的合作者

在传统的以教师为中心的教学模式中,教师在课堂中的地位和身份与学生不同,因而教师往往是高高在上的控制者,控制学生的学习目标、学习内容、学习活动,甚至控制学生的学习习惯,学生很少与教师合作。同时,在学校中,教师之间相互隔离,很少来往。教师在休息室里,除了寒暄以外,很少谈及班级事情,害怕其他教师知道自己班级的问题,担心别人会认为自己是不合格的教师。一间教室就像是一个有城墙和护城河的城堡,别的教师很少进来,致使教师之间互不合作,彼此孤立。这种教师之间的孤立是不幸的。

首先,教师要立足于建立平等、民主、合作的师生关系。师生之间要加强合作,要以相互尊重和相互理解为基础,开展平等的对话、讨论。尊重与理解既是人际交往的道德原则,又是一种重要的认知方式。相互尊重使真正的交往成为可能,而相互理解又使交往不断深入。教师要承认学生现存的各种缺陷的合理性、客观性,并相信学生的发展潜力。同时,还要提倡换位思考,淡化角色观念。过于强化角色观念往往使师生之间产生误解、冲突甚至对抗。教师只有多从学

生的角度思考问题,才有可能找到问题的突破口,避免不必要的冲突,进一步化解矛盾。学生只有多从教师的角度思考教师的做法,才能真正理解教师。只有在这种相互理解、相互尊重、共同合作的学习过程中,双方才能不断地得到鼓励,不断地得到支持性的建议。

其次,教师之间要加强合作,这是新课程改革提出的客观要求。教育教学活动不仅是个体活动,而且是团队活动。团队意识、合作精神是教育工作者取得成功的一个很重要的因素。教师之间的合作,可以使彼此得到心理支持,因为能有人与自己分享成功的愉悦、分担失败的苦涩总是一件好事;教师之间的合作,可以产生一些新的想法,因为这种合作是教学信息和教学智慧得以传递和挖掘的巨大源泉;教师之间的合作,可以起到示范作用,使学生学有榜样;教师之间的合作,可以增强集体力量,因为一个集体可以获得更好的成绩;教师之间的合作,可以减轻工作负担,因为通过分享资料、共享资源及共同努力可以减轻自己的负担;教师之间的合作,可以支持课程改革,因为只有当教师集体参与时教育改革才会成功[2]。

六、由应试教育的执行者转变为培养学生全面发展的促进者

传统的教学只注重应试技巧的培养。教师教学的目的就是为了追求高分数、高升学率。教学过程成了教师的讲授过程和学生大量演练习题的过程。一般情况是:教师分解知识,并积极地呈现部分和整体知识;学生通过听讲、练习和背诵,再现由教师传授的知识,回答教材中的问题。这样的教学使学生面对的只能是"书山""题海",而且考试成为教师的唯一"法宝"。这种教学模式培养的学生往往会出现高分低能的情况,缺乏创新精神和实践能力,更甚者存在这样或那样的心理问题。

教育不仅是让学生掌握书本知识,更重要的是要培养学生全面发展。教育的目标是培养学生具有一种积极的生活状态,以健康的心理、积极的人生态度对待生活。社会竞争、人与环境冲突的加剧,尤其是在我国新的经济体制下,市场经济发展所带来的产业结构的调整,对高素质人才的需求发生变化等问题,使年轻的一代产生了前所未有的心理压力,心理冲突和困惑等问题日益突出,尤其是独生子女的行为问题更令人担忧。因此教育必须以人为本,以每个学生的全面

发展为目标。而要实现这一目标,教师就必须改变重认知轻情感、重教书轻育人等错误的教学观念和行为。教师应按新课程提出的"知识和能力、过程和方法、情感态度和价值观三个维度"开展各项教学活动,真正成为学生全面发展的促进者。

七、由"学校"型教师转变为"社区"型教师

传统课程脱离社会生活实际,课程内容"繁、难、偏、旧"。教师过于注重书本知识,课程内容与学生生活、现代社会和科技的发展完全脱节。学生在学校里"两耳不闻窗外事,一心只读圣贤书"。教师和学生一样封闭在学校里,是典型的"学校"型的教师。教师根本没有机会面向社会并参与社区生活,致使社区无权过问学校教育,学校漠不关心社区生活。学校成为社区中的一座"象牙塔",与日常的生活毫无联系。新课程要求教师从"象牙塔"里走出来,面向社会,参与社区生活,成为"社区"型教师,原因如下。

首先,随着社会的发展,学校和社会的联系越来越紧密。教师不仅担负着培养青年一代的任务,而且还承担着整个社区的教育任务。具体表现为学校教育社会化、社会生活教育化,并且逐渐形成学习型社会,形成终身教育的理念。

其次,教师只有积极参与社区生活才能了解社区对学校教育的要求,积累社会生活经验和掌握科技发展的新成果,才能开发出适应社会生活的乡土化、校本化的课程。

最后,新课程特别强调学校和社区的教育资源共享。学校可将教育资源向社区开放,引导和参与社区的一些社会活动,尤其是教育活动;社区也可以向学校开放自己的可供利用的教育资源,参与学校的教育活动。由此可见,教师应该从"学校"型教师转变为"社区"型教师,学会充分利用专业知识和社区影响力来教育学生和社区居民,推动学校教育和社区生活一体化。

当然,因新课程改革而向教师提出的角色转变,并不是一蹴而就的事情,我们不应操之过急,而应以宽容和理解的心态,积极创造条件,帮助教师尽快完成这一历史性的角色转变。

参考文献

[1]中华人民共和国教育部.走进新课程与课程实施者对话[M].北京:北京师范大学出版社,2002:126.

[2]钟启泉,崔允漷,张华,等.基础教育课程改革纲要(试行)解读[M].上海:华东师范大学出版社,2001:432.

新课程背景下教师专业发展研究

丁小明 严 权

摘 要:教师的专业发展是个动态的过程,师范院校只能传授未来教师的本体性知识和条件性知识,而教师的实践性知识需要教师更新教育观念,在教学反思、教学研究、校本教学研究等实践中逐步探索。

关键词:专业发展;教学反思;教学研究;校本教学研究;新课程

新课程改革,给教师的自身发展既提出了严峻的挑战又提供了难得的机遇。教育与课程改革的不断深入,教师角色的转换,特别是校本课程开发的推进,内在地推动了教师专业化的进程。实施新课程改革,我们需要有新型的教师。面对这一迫切的现实需要,我国开始将教育改革的重点转向教师队伍的建设,以教师专业化作为提高教师素质、改善教育质量的重要途径。教师的发展与教育的发展是形影相随的,只有对教师进行新的定位,并且将新理念用于实际的教育教学中,教育才能焕发出勃勃生机,才更能体现其时代的价值。教师,作为社会的职业人,其专业化发展要经历从接受师范教育的学生,到初任教师,到有经验的教师,到实践教育家的持续发展过程。教师发展的中心是教师的专业发展,而且,"教师专业化、师资高标准化与在职教师进修制度化已成为各国教师教育共同的发展趋势"[1]。

所谓的教师专业发展,其表达的最基本含义就是作为专业人员的教师把教学视为自己的专业,在"专业"活动中不断地改进、完善和创造,从而使自己的能力和素质得以提高。教师的劳动为脑力劳动,他们工作的对象复杂而多变,极其需要一定的专业精神、专业理论和专业技巧。教师的劳动明显有别于"职业"活

文章来源:《吉林省教育学院学报》,2006年第10期,有修改。

动,"职业"的本质在于"重复"某一行业的基本操作行为,并不需要过多的"心智"劳动。目前,尽管教师这一职业还不能与一些传统意义上的专业性的职业,如医生、律师和工程师相提并论,成为一门专业性、技术性极强的职业,但是它已具备了这些职业的基本特征和条件。而且,教师扮演的是一种其他职业劳动者所不可替代的社会角色。可见,教师这个职业之所以逐渐专业化,是因为从事教学的"教师需要具有完善的、高标准的知识基础;受过良好的文理科教育,并不断地追求新的知识与技术;教师在工作中有较多的自主权;教师必须具有强烈的责任感和正确的职业道德观,并在工作中表现出值得公众敬仰和信赖的个人品质等"[2]。毫无疑问,从教师这个职业所具有的特点和标准来看,它具有较强的专业性。

一、教师专业发展的不同观点

教师专业发展,是一个教师终身学习的过程,是教师不断解决问题的过程,是教师的职业理想、职业道德修养、职业情感、社会责任感不断树立、不断提升、不断强化、不断加强的过程。然而,关于教师专业发展的过程,不同的研究者由于关注焦点不同,提出了教师专业发展的不同方向,因此形成了不同的主张和看法。下面我们主要列举三种不同的观点。

1.三阶段发展观

有学者根据教师所关注的焦点问题的差异,把教师的专业发展分为三个阶段:关注生存阶段、关注情境阶段、关注学生阶段,而且每个阶段有其不同的发展特征。

(1)关注生存阶段。处于这一阶段的教师,非常关注自己的生存适应性。他们经常关心的问题是学生、同事和领导对自己的看法。一般来说,师范生和新教师比老教师更关注这些问题。由于这种生存的忧虑,致使某些教师可能会把大量的时间都花在如何与学生搞好个人关系上,而不是教他们;有些教师则可能想方设法控制学生,而不是让学生获得学习上的进步。也就是说,教师们总想成为一个好的课堂管理者。

(2)关注情境阶段。当教师感到自己完全能生存时,他们将越来越关注学生的成绩,即进入第二阶段——关注情境阶段。在这一阶段,教师所关注的是如何教好每一堂课的内容。他们总是关心与教学情境有关的问题,如班级大小、时间的压力、核对材料是否充分等。一般来说,在职教师比师范生更关心这一类问题。

(3)关注学生阶段。当教师顺利地适应了前两个阶段后,将进入第三个阶段——关注学生阶段。在这一阶段,教师将考虑学生的个别差异,认识到不同发展水平的学生有着不同的社会和情感需要,因而也就注意到发展学生的个性。

2. 四阶段发展观

有学者根据教师的素质和工作成绩这两个维度来研究教师的发展,认为教师的发展大致要经过准备期、适应期、发展期、创造期四个阶段,而每个阶段结束时,教师可以分别称为新任教师、合格教师、骨干教师、专家型教师。

(1)准备期。指教师从事教育工作以前的阶段,是接受教育和学习的阶段。一般是指师范生在师范院校接受教育和学习的阶段。

(2)适应期。指新教师走上工作岗位,由没有实践经验到初步适应教育教学工作,具备最基本、最起码的教育教学能力和其他素质的阶段。

(3)发展期。指教师在初步适应教育教学工作后,继续在教育教学实践中磨炼自己的教育教学技能,使之达到熟练程度的时期。

(4)创造期。指教师开始由经验性的教学工作模式转向探索和创新模式的时期,是教师形成自己的独到见解和教学风格的关键时期。

3. 五阶段发展观

还有学者根据教师与教学任务的关系变化,把教师专业发展过程分为五个阶段。

(1)新手阶段。指教师获取教学所需知识和技能的阶段。新手阶段是一个获取经验的阶段,在这一阶段中,现实的亲身体验比口头获得的信息更重要。

(2)进步的新手阶段。在这一阶段中,教师将自己的实践经验与所学的知识逐步联系起来,并能找出不同情境中的一些相似性,而且相关的情境知识也在增加。随着实践经验的逐步增加,个体可以忽略或打破一些规则,教学行为开始变得灵活。

(3)胜任阶段。处于此阶段的教师,能按个人想法自由处理事件,依据自己的计划,对所选择的信息做出反应,并能够对所做的事情承担更多的职责。

(4) 精通阶段。在这一阶段中，教师对教学的直觉或领会很重要。他们能从积累的大量丰富经验中，综合性地识别出情境的相似性。

(5) 专家阶段。如果说新手、熟练的新手和胜任教学的教师是理性的，精通型教师具有直觉性，那么我们可以将专家的行为看作是非理性的，他们对教学情境不但能凭直觉把握，而且能以非分析性、非随意性的方式，理智地做出合适的反应。他们的行为表现流畅、灵活，不需要刻意的加工，与前几个阶段的教师相比，他们采用的方法更加多样。

尽管不同的学者从各自所关注的角度对教师专业发展过程做了不同的划分，然而其实质是指教师由不成熟到成熟的过程。如何提升教师的教学水平，促进教师专业发展是本文主要关注的问题。一般来说，可通过以下几个方面来促进教师的专业发展。

二、促进教师专业发展的途径

1. 更新教育观念

新课程的改革要求教师首先要转变教育教学观念，学习并运用新的教学方法。新课程不仅会改变学生的学习生活，也将改变教师的教学生活。教师将与新课程同行，与学生共同成长。更新教育观念，就是要求教师建立以人为本的新的教育思想。以人为本的核心是以学生为中心，以学生的终身发展为根本。培养学生的重点不是获取较高的分数，而是教学的"知识与能力、过程与方法、情感态度与价值观"三维目标的达成。在教学实践中，教师应充分调动学生的一切积极因素，尤其是情感、兴趣等非智力因素，关注学生的全面发展，培养学生的实践能力，激发学生终身学习的兴趣，使学生能够主动从各门学科中汲取营养，不断提升自己的人文修养。教学不再过分注重知识的传授，而是教会学生在获得知识与技能的同时学会学习和形成正确价值观的过程；不再过分强调学科本位，不再偏重书本知识，而是加强课程内容与学生生活以及现代社会发展的联系，关注学生的学习兴趣和经验。新课程改变了过于强调接受学习、死记硬背、机械训练的现象，倡导学生主动参与、乐于探究、勤于动手，培养学生搜集和处理信息的能力、获取新知识的能力、分析和解决问题的能力以及交流合作的能力；改变了过分强化评价的甄别与选拔功能，评价内容、方式单一的现状。

在新课程改革的背景下,教师专业发展的意义日益凸显。教师专业成长反映当代教育的重要规律,已成为国际教师教育改革中值得重视的问题。教师发展是时代发展的客观要求,是师资建设的时代革命。教师发展是提高教育质量的关键,是教育改革的原动力,是教师自身幸福的源泉。教师像蜡烛,这种比喻太悲惨。教师应该是油灯,应该是电灯,应该是蓄电池,应该是太阳,更应该是取之不尽、用之不竭的源泉!这就要求教师不断学习和积累科学文化知识,及时"充电",不断更新自己的观念,与时代的发展保持同步。教师不仅是教书匠,更应该是教育家。那种仅仅把教师看作一种职业的观念是与时代发展脱节的。作为新时代的教师,应该不断汲取营养,不断充实自己;更应该不断钻研业务知识,提高业务水平,增加理论储备,走可持续发展战略,树立学会学习、终身发展的理念,以适应国际、国内发展的需要,全方位地提高自己。这样的教育才会有意义,这样的教师才是时代发展需要的教师。

2. 在教学反思中成长

在职教师继续教育已逐渐摆脱把教师作为一个被动接受者、以知识和匠技为内容的脱产进修方式,代之以关注教师的反思来促进教师的专业发展。而且,反思,被广泛地看作教师职业发展的决定性因素。20 世纪 70 年代以来最为杰出的法律经济学家之一波斯纳(Posner)认为:没有反思的经验是狭隘的经验,至多只能是肤浅的知识。他提出了教师成长的公式:成长＝经验＋反思。教师要善于从经验反思中吸取教益,否则就不可能有什么改进。因此,反思对教师改进自己的工作有独特作用,是教师获得专业发展的必要条件。

在教师的专业发展中,教师的反思具有重大的意义[3]:首先,反思有助于教师把自己的经验升华为理论。教师在其职业生涯中积累了一定的经验,但他们却很少分析这些教育教学经验蕴含了哪些原理。反思,则可以帮助教师挖掘或梳理出经验中蕴含的原理,使经验升华为理论,这样教师就可以做到不仅知其然而且知其所以然。同时,对教育教学的反思可以帮助教师构建一套属于自己的理论体系,形成独具个性的专业理念,而这些理论体系和专业理念又是指导教师今后从事教育教学的理论基础。

其次,反思有助于教师提升教育教学实践的合理性。教师的教育教学实践是否合乎教育理论、教育规律,是否科学有效,既需要别人的评价,也需要不断开展的自我反思。通过对各种教育现象进行反思,将实践与理论契合,与教育目标

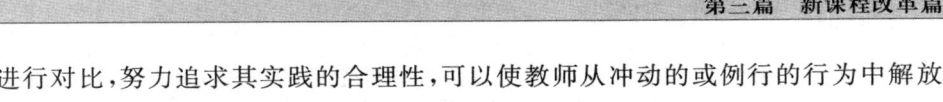

进行对比,努力追求其实践的合理性,可以使教师从冲动的或例行的行为中解放出来,以审慎的方式去行动,更好地完成教育教学任务。

再次,反思有助于教师获得专业自主权。在教师专业发展中,专业自主权是其重要组成部分,教师具有课程与教学的相对自主权。反思可以增强教师的问题意识并提高教育研究能力,使教师能为他的决策和行为辩护,独立解决教育教学实践中遇到的各种问题,进而提高专业自主性。

最后,反思有助于教师形成优良的职业品质。反思涉及直觉、情绪和激情,在反思性行为中,理性和情绪交织其中,三种态度——虚心、责任感和全心全意是反思性行为的有机组成部分。教师形成反思意识,养成反思习惯,本身就是对事业、对学生、对自己的责任感的体现,它有助于教师形成爱岗敬业、虚心好学、追求完美等优良职业品质。

3. 在教学研究中发展

教师成为研究者是教师专业发展的必由之路。20 世纪 80 年代以来,教师的"专业化"问题成为教育界颇为关心的话题。这个话题争论的结果之一,是使相当一部分人相信:教师的专业特性尽管不是全部,但至少在很大程度上表现为一种"理智"上的特征,表现在对教育情景、教育过程和教育结果的理解与把握上,这种理解与把握的最有力而可靠的源泉当然就是研究。随着"教师即研究者"国际理念的传入,以及对我国教育改革面临瓶颈问题研究的深入,教育界从上到下对中小学教师的教育科研十分重视,教育科研意识也逐渐加强。

新课程呼唤广大教师的专业发展,其核心之一是科研素养,这是教育改革的原创潜能,也是衡量教师成熟度高低的重要标准。研究型的教师既是目标也是过程,其核心观点是教师能善于将科学知识、教育理论、科研方法、现代信息技术整合在一起,形成良好的效能感和反思能力;教师富有创见,能根据教育情境的变化,及时而灵活地调整教育方法;教师能遵循教育规律,形成独特的教育风格,产生高质量的教育成效和科研成果。同时,教研活动也是联系教师与课堂教学的纽带,在新课程改革深入发展的今天,教师的教育科研对于创造性地实施新课程,全面落实课程改革目标,切实提高教学质量,促进教师的专业发展具有重要的意义。

传统的观念认为,教学研究是学者的工作,教师只需接受别人研发的知识,不必也没有能力做研究。但是,提倡教师通过行动研究(action research)来提高

自己的教学水平的观念越来越多地出现在教育理论界的各种文献中。这种理念呼唤作为教育实践者的教师应该研究自己的教学实际。这种研究具有情境性、具体性。行动研究不是一种独立的研究方法,而是一种教师和教育管理人员密切结合本职工作并综合运用各种有效的研究方法,以直接推动教育工作的改进为目的的教育研究活动。

教师的行动研究离不开反思,反思的主要任务是在经过一段时间的试验,收集了相关的数据之后,对原先的"分析""计划"和"实施"进行必要的调整。当然,调整需要建立在对许多研究的评价的基础上,对行动的评价要客观。为了提升教师行动研究的能力,教师的行动研究最好是合作研究。教师除了独立做研究外,最好和其他教师组成小组,共同研究,共享经验,促进成长。教师在行动研究中要不断地检核、修正、改进,而且教师集研究者、观察者、访问者、分析者等各种角色于一身,更要随时反省自己的角色,不仅要做技术性的反省,更要做实际性、批判性的反省,只有这样才能不受自己的研究场地的局限,而将研究置于整体的社会情境脉络中加以诠释。行动和研究具有不同的特征要求,在将两者结合的过程中易形成矛盾。尤其是大部分行动研究是一种团体研究过程,团体的研究成员虽然关心同一个教育问题,但关心的焦点、采取的途径、研究的导向却未必一致,因此过程中的协调和协商就极为重要。

4. 在校本教学研究中成长

努力构建以校为本的教研制度,把新课程改革和教师发展紧密结合起来是课程改革顺利进行的关键。校本教学研究是学校和教师为了改进教学,立足本岗本职本校,在教学过程中,用内在经验与外在经验相结合的方式,验证某个教育新理念或解决教学实际中出现的问题,以促进学生发展为宗旨的现代教学研究新取向。校本教学研究涵盖了所有为了学校教学发展而进行的各种各样的教学活动,它是一种学习、工作和研究"三位一体"的学校活动和教师行为。当然,寻求与专业人员的合作是实施校本教学研究必须具备的前提。主要表现为大学教师与中小学教师的合作、教研员与中小学教师的合作两种类型,其形式为理论精选、教育现场指导、案例教学等。同时,学校要构建有效的教学研究环境,包括营造民主自由的氛围、建立学校课题网络、建立理论学习制度、改进教研组工作、形成同伴互助模式、转变教学评价方式、建立校本教学研究激励机制等措施。开展以校为本的教学研究,要充分发挥教师个人、教师集体和教学研究专业人员等

在各方面发挥的作用,要把学校办成开放的"学习型组织",为教师提供自主的专业环境,使教师获得更多的自主权,鼓励教师在教学过程中积极主动地探索和创新。

教师的专业发展是个动态的过程。师范院校只能教授未来教师的本体性知识(学科知识)和条件性知识(教育学、心理学、学科教学论等)[4],而教师的实践性知识需要教师在实践中,特别是在校本教学研究中探索与丰富。一个专业教师要从稚嫩走向成熟,除了要坚持不断地学习新知识,还要经常研究和思考新问题。在面对教育问题时,教师只有真正理解自己所处的情境,做出明智而谨慎的决定,并在实践中有对理论进行检验的意向,才能改变长期以来消极被动的"教书匠"的形象,逐渐成为教育教学的行家里手,成为"研究型""专家型"的教师。新课程重视人的发展,重视学生的全面发展,同时也重视教师专业的发展。我国教育教学改革实践呼唤教师的专业发展与新课程改革齐头并进。

参考文献

[1]刘捷,谢维和.栅栏内外:中国高等师范教育百年省思[M].北京:北京师范大学出版社,2002:340.

[2]顾明远,孟繁华.国际教育新理念[M].海口:海南出版社,2003:194.

[3]朱玉东.反思与教师的专业发展[J].教育科学研究,2003(11):27.

[4]陈琴,庞丽娟,许小辉.论教师专业化[J].教育理论与实践,2002(1):38-42.

新课程背景下的课堂教学反思

严 权

摘 要:随着新课程改革的不断深入,中小学课堂教学取得了可喜的成绩,然而也呈现出了不少的问题。课堂教学注重了过程与方法、情感与态度目标,却忽视了知识与能力目标;教师设计了课堂教学情境,却忽视了教材;学生进行探究学习,却缺乏探究之内核;教学手段发展趋于现代化,却丧失了教学艺术。

关键词:新课程;教学改革;反思;探究学习;教学艺术

随着新课程实施的逐渐深入,人们对新课程的了解越来越多,研究越来越深,因此,给新课程教学实践带来了一些新气象、新变化。然而,在对照新课程所确立的知识与能力、过程与方法、情感态度与价值观"三位一体"的课程与教学目标进行冷静思考时,我们也看到了自主学习、合作学习、探究学习的背后透露出的放任、随意和浮躁。

一、课堂教学注重了过程与方法、情感与态度目标,却忽视了知识与能力目标

新课程教学把过程与方法、情感与态度视为课堂教学的重要目标,从课程目标的高度突出过程与方法、情感与态度的重要地位。在课堂教学中,教师一般通过让学生自己阅读、探索、思考、观察、操作、想象等形式来开展教学,同时关注学生的情绪和情感体验,让课堂教学过程成为学生自主活动的过程并带给学生愉悦的情感体验。毫无疑问,新课程教学设计应该强调教学内容的情感性,缺乏情

文章来源:《荆门职业技术学院学报·教育学刊》,2007年4月,有修改。

感的教学是没有效果的教学。创设富有情感性的教学情境,可以渲染气氛,使学生身临其境、情绪高涨、兴趣盎然。激发学生的情感,教师以情感人、以情动人,是培养学生情感、态度和价值观的有效途径。

新课程教学设计不能忽视教学内容的知识性。知识是学习、探究活动得以开展的基础,如果缺乏必要的知识,教学活动显然无以为继。课堂教学是为了让学生获得新的知识,了解世界和把握世界。尽管有些基础知识和基本结构不会有很大的变化,但却为学生今后的发展奠定了基础。因此,课堂教学设计要根据教学内容来合理确定教学目标,安排教学活动,整个课堂教学序列的安排要符合学科的内容结构,其中教学内容的知识性是在设计课堂教学时应该考虑的重要因素。

同时,新课程教学设计也要强调对学生的操作技能和思维能力的培养。学生以后的生活和工作所面临的选择是无限的,因而不能让具体的知识内容限制了他们的发展方向,而要让他们习得具有广泛迁移性的智慧、能力,这些智慧、能力将有助于学生在任何领域都能得到应有的发展。而且,当今知识更新的周期越来越短,而学生利用有限的学习时间和精力所学的知识显然也是有限的。解决这一矛盾的唯一途径是帮助学生培养一定的学习能力和掌握一定的学习方法。学生只有不断地习得新的知识,才能满足知识爆炸时代的需求。

最重要的一点是,知识、能力目标是三维目标中的基础性目标。对基础知识和基本技能的掌握是课堂教学的一项极其重要的常规性任务,它是在教师钻研教材和设计教学过程中必须首先明确的问题。"双基"是教学必须认真抓的东西,同时,也是形成过程与方法、情感态度与价值观不可缺少的重要条件,是促进学生全面发展的重要平台[1]。过程和方法是以往教学往往容易忽视的维度。因此,新课程教学在设计和操作时如将它们游离于知识和能力目标之外,游离于教学内容和教学任务之外,游离于学生发展之外,则会失去过程、方法应有的价值。在教学过程中,也不可独立或直接进行情感态度与价值观的教育,它们只有和知识与能力、过程与方法融为一体,才具有生命力。

简而言之,在设计课堂教学时不能把三维目标割裂开来,既要立足学生能力的培养,大大地促进学习的迁移,促进学生健康发展,又要强调教学内容的知识性,以便学生通过系统的学习过程来体验、来感受,并丰富自己的知识,同时还要注意学生的完美个性和高尚人格的形成。

二、教师设计了课堂教学情境，却忽视了教材

在新课程背景下，教材不再是一个封闭的、孤立的整体，而是开放的、完整的"课程资源"中的有机组成部分，是教学的"引子"。教师在课堂上创设的丰富的教学情境，有利于学生自主建构知识。因此，教师要认真思考如何合理设计教学情境或问题，应该设计什么样的情境或问题才能使学生在自主、合作和探究学习中有所收获。答案是，教师所设计的情境或问题应具有一定的现实意义，或与学生的生活有直接的联系。这不仅有利于学生进一步巩固所学知识，而且对充分调动学生的积极性也非常重要和有效。同时，教师设计的情境或问题应有一定的启示意义，以促使学生进行正确的迁移。当然，所设计的问题或情境应有一定的难度和新颖性，要处于学生的"最近发展区"内。教师所设计的问题或情境必须具有开放性，允许学生有不同的解释和回答。另外，教师在进行教学设计时应该考虑学生的心理特点，使所设计的情境或问题具有一定的社会性，有利于学生学会与他人相处，包括容忍异己者并欣赏他人，从而通过社会互动不断取得进步。

然而，教师在设计教学的情境或问题时不能忽视了教材。教材是各门学科的具体内容，而教材的内容随着社会的发展而改变，它反映了一定社会的政治、经济、文化的要求，受一定社会的生产力和科学文化发展水平以及学生身心发展水平的制约。教材在内容上应实现科学性、思想性和效用性的统一。教材的内容是科学的、可靠的，是经过实践检验的客观真理；教材内容具有丰富的思想性，而思想性寓于科学性之中；教材有利于培养学生将知识运用于实践的能力，指出了一些基础知识、基本理论在科技、生产、生活中的实际效用，而且有利于学生形成正确的世界观和价值观。教材在编排上将知识的内在逻辑与学生学习知识的规律密切地统一起来。比如，"圆周式"的学科内容的安排，符合学生螺旋式的认识发展规律，有利于学生的认知发展。另外，教材的编排形式也有利于学生的学习。教科书的内容阐述层次分明，文字表达简练、精确、生动、流畅，篇幅详略得当。总之，教材符合教育学、心理学和卫生学的要求，有利于学生有效学习和健康发展，教师在教学过程中不能忽视教材的作用。

教师自主地进行教学设计是一种对教材的超越，而超越教材的前提是基于教师对教材的科学理解和灵活把握。教师不能因为片面地要求联系实际而删减教材中必要的对世界本质的认识和把握的内容。另外,不能为了情境化而设置情境,导致所设计的情境与教学内容没有任何联系,让情境成为学生学习的障碍。教师对所设计的情境应该赋予知识鲜活的背景,使学生在把握知识的来龙去脉的过程中获得情感体验。

三、学生进行探究学习,却缺乏探究之内核

当前,新课程改革从教学大纲到课程标准的重要变化之一就是减少了知识点,给教师的教和学生的学留下了更多的空间,因而有必要也有可能更多地强调合作学习与探究学习的方式。而真正的合作学习与探究学习一定是自主学习,只有自主学习才能帮助学生提高自信心,获得可持续发展的动力。也就是说,在自主探究过程中,学生要独立思考,自己做出决定或选择,在探究活动的各个阶段都要充分发挥自主性、选择性、能动性、创造性等。自主探究教学的价值不仅在于让学生通过比授受教学更好的方式去牢固地掌握知识,而且有着比被动获得知识更重要的意义。因为,探究学习是以一种更科学的方式去认识事物的过程,它需要情感的投入和过程的参与,而且在探究学习的过程中,学生难免会犯错误、走弯路和"浪费"时间等,但学生遇到的挫折和失败也许对学生人格的完善、个性的塑造、受挫能力的培养等更为有利。

然而,关于探究教学目前还存在着认识偏差和操作失误等问题,若不加以矫正,就不能有效地开展探究教学实践。成功的探究教学是注重内在的教学精神的表达,而徒有形式的探究教学,"有完整的探究教学程序,却没能关注学生完整生命的成长,给学生探究的时间,却没有给学生自主学习的空间"[2]。教师牢牢掌握着教学的支配权,学生自主的空间非常小,这种被控制的探究活动称为"他主式"探究活动。尽管它包含着科学探究的基本要素和环节,程序非常完整(问题的提出、假设或预测的生成、数据收集和分析、结论的构建等),相应的资源、工具、仪器等都符合探究教学所需要的要求[3],但在教学活动中学生严格地、高度地受控于教师的指导,在探究过程中失去了自主性。

缺乏自主性的探究学习的实质是用授受式教学的基本理念和做法来开展探究活动。它不是真正意义上的自主建构的探究教学,没有让学生在自主探究中去质疑、判断、分析、整理、比较和概括,在遇到困难和挫折时自主选择、自我担当。这种"他主式"的探究教学容易造成学生主体性的缺失、思维的贫乏、情感态

度的欠缺等。教师为了让学生尽快地学到知识,只能匆匆带过探究环节,教师所关注的是在短时间里尽可能让学生掌握更多的知识,而没有关注学生是否获得了情感体验,乃至整个生命是否得以成长与发展。在"他主式"探究教学中,探究的进度由教师预先确定或设计,学生没有足够的时间进行非指导性的探究,缺乏必要的自主学习,而这是探究学习的基本精神。在"他主式"的探究学习过程中,本应该强调学生自主建构的探究式学习,却变成了由教师独自把持和严格控制的探究活动,而且教师往往指导重点不恰当,没有正确地把握介入学生探究的时间,如何时可以提供背景资料或有关信息等;学生自主活动的重点不明确,如不是对问题自主地加以界定,不是自主地设计探究方案,不是自主地开展探究活动,不是自主地建构自己的结论等。在"他主式"的探究教学中,教师关注的焦点仅仅是知识、学科,而没有关注学生的完整生命的成长,因此探究教学失去了应有的内核——自主建构。

当然,在学生自主探究学习时,教师适时的、必要的、谨慎的、有效的指导也是很有必要的,以便学生真正从探究中有所收获。为了实施"他主式"探究教学,应该处理好"学生自主"与"教师指导"之间的关系。教师在指导学生进行探究学习时,如果介入的过早,学生还没有充分彻底地自主探究,会让学生失去本来可以自主发现的机会;如果介入的过晚,会导致学生过久地处于无助状态甚至陷入危险之中。不合理的教学指导会剥夺学生尝试错误和从教训中学习的机会。这些在教师的干预和控制下获得知识的教学模式,与授受式教学模式没有什么两样,学生的思维没有得到发散,只是按照老师的课前设计来演示了这样一个充满假象的探究学习过程。学生没有学会利用已有的知识去科学地探究,没有亲历科学家发现问题、解决问题的过程,当然就无法逐渐养成探究的习惯,形成探究的思维。"他主式"的探究教学,看起来好像省时高效,然而,"教育之'效'最难判定,当时见到的'效'未必真'效',而看似无'效'的却可能有难以估量的潜在效应"[4]。

四、教学手段发展趋于现代化,却丧失了教学艺术

目前,从教学研究到教学实践,人们一谈到教学现代化似乎就想到教学手段现代化,认为不用多媒体就意味着落后。上级评课好像有了不成文的规定,不用现代化的教学设备就不能评为优质课,因而在中小学的公开课的课堂上都少不

了多媒体。的确,教师课前准备的动画资料、编制的课件,运用得恰当确实能起到很好的效果。多媒体、互联网带来的动态的画面、多彩的世界等确实能让孩子们睁大好奇的眼睛,提升了学习兴趣,增强了对知识的理解。现代教学技术的运用无疑有诸多积极的意义,它有利于优化教学活动,促进教学质量的提高。但是,它只是一种教学的辅助手段,没有必要来渲染它的与众不同,给它一个特别的位置和突出点[5]。我们常听到这样的课,整堂课教师旁征博引,多媒体技术的运用也使课堂富有情景,但教学效果却不怎么理想。原因就在于当学生对问题没有反应时,教师没有做出相应的教学策略调整,以致于整堂课都成为教师的"独角戏"。

现代教学应以人为出发点,而且重要的是以学生为出发点,让学生成为学习的主人。现代教学"应使它本身适应于学习者,而学习者不应屈从于预先规定的教学规则"[6]。新课程教学把学生当作学习的主人,要求学生大胆探索,鼓励学生创新思维,让学生通过科学推理来解决自己的学习问题。在以探究学习为主要学习方式的情况下,学生不仅能提出各种问题,而且也能构思出解决这些问题的方式和途径。他们收集信息,解释信息,对信息加以整理而形成认识,并对形成的认识的可能性加以验证。一言概之,新课程教学使学生真正成为学习的中心。为了使学生真正进行自主探究学习,教师得由传统的"传道授业解惑"的知识"权威"转变为学生自主发展的"组织者""合作者""促进者"。当然,也要充分发挥作为教学的"组织者""合作者""促进者"的自主性、能动性和创造性,通过创设更优良的教学环境、创造更有利的条件、营造更真实的学习氛围等来促进学生的自主学习、合作学习、探究学习。

教学是一门特殊的艺术。"教育的着眼点不在于使人'接受''适应'已有的,而在于为'改造''超越'的目的而善于利用已有的一切。""培养一种理想与现实相统一的人,超越意识与超越能力相统一的人,这才是教育的宗旨。"[7]现代教学在强调学生接受已有文化知识的同时,更应该注重学生创新能力的培养。当然辩证地接受人类的文化遗产也是应该的,对待人类的宝贵遗产我们应该采取扬弃的态度。教师的教学过程不只是"接受"和"适应"的过程,更应是"改造"和"超越"的过程。

参考文献

[1]余文森.新课程教学改革的成绩和问题反思[J].课程·教材·教法,2005(5):4.

[2]辛继湘.让探究教学神形兼备[J].中国教育学刊,2005(1):34.

[3]任长松.探究式学习:学生认知和自主建构——从两个探究案例引发的思考课程[J].课程·教材·教法,2004(1):40.

[4]杨小微.教育研究思维方式的类型分析[J].华东师范大学学报(教育科学版),2003(12):4.

[5]温欣荣,薛国风.新课程背景下基础教育问题的反思[J].课程·教材·教法,2005(8):16.

[6]联合国教科文组织.学会生存——教育世界的今天和明天[M].北京:教育科学出版社,1996:200.

[7]鲁洁.论教育之适应与超越[J].教育研究,1996(2):4.

新课程评价理念及特点

严 权

摘 要: 教育评价是根据一定的教育目标,运用可行的科学手段,对教育现象进行价值判断,从而为教育决策提供依据的过程。在新课程试验过程中,要建立促进学生素质全面发展、促进教师教学水平不断提高、促进课程发展、促进考试改革的评价体系。新课程在评价过程中要注重基础,着眼整体,重视发展,强调实践,承认差异。

关键词: 新课程;教育评价;理念;特点

什么是教育评价？我国教育界有时把教育评价和教育评估这两个概念混用,严格地讲,这两个词的含义并不相同。"评价"一词在英语里用"evaluation"表示,有测评与估价两层含义,"评估"一词在英语里用"appraisal"表示,与测评同义。可见"评价"一词可以把"评估"的含义包括进去。教育评价具有三个方面的特征:教育评价是有明确目的的活动;教育评价是由一系列步骤方法组成的连续性的活动过程;教育评价的最终目的,是用一定的价值观念对教育活动的现状进行价值判断[1]。我们认为教育评价是根据一定的教育目标,运用可行的科学手段,对教育现象进行价值判断,从而为教育决策提供依据的过程。

但是,目前对我国基础教育的评价,无论是社会舆论的评价,还是教育系统内部的评价,仍然将升学率作为主要衡量指标,这一简单片面的教育评价严重阻碍了新课程方案的实施。因此,科学合理的新课程评价理念的诞生有着重要的意义。

文章来源:《内蒙古师范大学学报(教育科学版)》,2004年8月,有修改。

一、研究新课程的评价理念,建立合理评价体系

没有评价的教育是盲目的教育。教育评价是全面贯彻教育方针的建设性措施;教育评价是加强学校科学管理,实现整体优化的重要环节;教育评价是促进新课程实施、大面积提高教育质量的有效手段;课程评价是实施课程目标的关键环节,也是重要的教育手段之一。新课程方案是个多元的课程结构,构建一个较为科学的易于操作的评价系统,对教师的教学和学生的成才将起到较好的导向作用,也能为新课程方案的实施提供制度保证。为此,在新课程试验过程中要认真研究新课程评价理念,建立合理的新课程评价体系[2]。

1. 建立旨在促进学生素质全面发展的评价体系

新课程评价不仅关注学生的学业成绩,而且要发现和发展学生多方面的潜能。促进学生全面发展的评价指标体系包括学生的学科学习目标和一般性的发展目标,如学生的道德品质、学习的愿望和能力、交流与合作、个性与情感以及创新意识和实践能力等诸多方面的发展。一般性的发展目标是融合在学科学习目标中实现的。新课程关注过程评价,实现个体价值,重视采取灵活多样、具有开放性的质性评价方法,而不仅仅以笔试作为衡量学生发展的手段。即新课程关注过程评价,及时发现学生发展中的需要,帮助学生认识自我、建立自信,激发学生内在的发展动力,从而推动学生在原有水平上获得发展,实现个体价值。

2. 建立旨在促进教师教学水平不断提高的评价体系

新课程要求逐步优化课堂教学的评价指标体系。具体做法为:引导教师从评价中得到改进教育教学的反馈信息,摒弃以分数作为评价学生的唯一标准的错误做法,提倡以发展的观点,通过激励性的评语帮助学生进步的做法;引导教师对班级学科成绩进行科学合理的纵向、横向对比,实实在在地做一点课题研究;打破单纯以学生学业成绩来评论教师工作业绩的传统做法。对教师的评价指标应包括教师的职业道德、对学生的了解和尊重、教学实施与设计以及交流与反思等,一方面以学生的全面发展状况来评价教师的工作业绩,另一方面也要关注教师的专业成长与需要。新课程强调以自评的方式促进教师教育教学反思能力的提高,倡导建立教师、学生、家长和管理者共同参与,多渠道信息反馈的教师

评价制度。一方面,通过评价主体的扩展,加强对教师工作的管理和监控力度;另一方面,培养教师的自我监控与反思能力,重视教师在自我教育和自我发展中的主体地位。

新课程要求建立"以学论教"的发展性课堂教学评价模式,摒弃关注教师的行为表现、忽视学生参与学习过程的传统的课堂教学评价模式。即课堂教学评价的关注点转向学生在课堂上的行为表现、情绪体验、过程参与、知识获得以及交流合作等方面,而不仅仅是教师在教学过程中的具体表现。教师的教学要真正服务于学生的学习。

3.建立旨在促进课程发展的评价体系

实施新课程评价可以促进课程自身的发展,如结合课程改革三级管理的要求,从教育行政部门、学校和教师多个层面,周期性地对课程执行情况、课程实施中的问题进行分析评价,包括实验方案、实验准备、实验启动、常规建设、观念转变、教学实施、学习评价及课程开发与管理等方面,从而调整课程内容,改革教学管理,形成课程不断革新的机制。

4.建立旨在促进学校发展的评价体系

实施新课程评价可以促进学校的发展。学校是课程实施的基本单位,应打破单纯以升学率来评价学校办学质量的传统做法,将课程的实施与发展和促进学校办学质量的提高结合起来,从学校领导班子、制度与管理等方面建立促进学校发展的评价体系;建立以教育行政部门、学校、家长和社区共同参与的学校评价体系,共同加强对学校课程建设与实施等方面的监控,从而促进学校的发展。

5.建立旨在促进考试改革的评价体系

考试只是评价学生的一种方式,要将考试和其他评价方法,如开放性的质性评价方法有机地结合起来,全面描述学生发展的状况。具体做法为:根据考试的目的、性质、对象等,选择灵活多样的考试方法,加强对学生能力和素质的考查;改变过分注重分数、简单以考试结果对学生进行分类的做法,应对考试的结果进行分析、说明和建议,形成激励性的改进意见或建议,减轻学生的压力,促进学生的发展。

在考试内容方面,应加强与社会实际和学生生活经验的联系,重视考查学生分析问题、解决问题的能力,关注学生动手能力和创新思维的发展,减少以记忆性的内容为主的考试。考试内容应依据新课程标准,杜绝设立偏题、怪题的现象。

在考试方式方面,倡导给予多次机会、综合运用多种方法。考试的方式应灵活多样,如采用辩论、课题研究、情景测验等方式,对部分学科可实行开卷考试,可考虑将过程性的评价与终结考试相结合。同时,试行提供多次考试机会的考核方式,对同一考试也可采用多样化的方式开展,给予学生选择的空间。还可分类、分项进行考试,加强综合评价。灵活多样的考试方式体现了先进的教育评价理念。

在考试结果方面,要求做出具体的分析指导,不得公布学生的考试成绩及排名。考试和其他评价方法一样,是为了促进学生的发展。因此,对考试的结果应加强分析,重在为学生提供建设性的改进意见。

二、新课程评价的特点

课程评价的主要功能和根本意义,既不在于鉴定和选择,也不在于对学生进行警戒和鞭策,而在于检验教育目标的达成水平,取得反馈信息,以便调整教育教学过程,及时针对缺陷和问题进行补救和矫正。为了使教育评价在新课程的实施过程中发挥应有的导向作用,在评价过程中要把握以下几个方面的特点。

1. 注重基础

学生的素质评价强调基础性,主要评价学生是否已经具备最基本的素质。过去的课程内容以文化知识为主。课程时间安排上,重视学科知识教学,忽视德育和体育;重视基础工具性课程和课堂教学,忽视社会实践;重视学科课程,忽视活动课程。当然,基础教育不只是指基本知识、基本技能的传授,而是指德智体美全方位的教育。文化知识固然重要,但还应该重视思想道德、审美修养、劳动技能、身心健康等,忽视其中的任何一点都不能实现学生全面素质的提高。

2. 着眼整体

新课程评价注重全体学生的发展和学生的全面发展。由于受经济发展水平的制约,我国目前还不可能普及高等教育,高中毕业的学生能升入高等学校的只

是少数人,单一的升学教育观必然导致教师更多地关注少部分升学有望的学生,而对大多数学生的培养却缺乏应有的关注。新课程改革面向的是全体学生,其培养目标是促进全体学生德、智、体、美、劳的全面发展。各级教育行政人员、教研人员、教师都要树立面向全体学生的教育理念,了解和热爱每一个学生,给予他们最大的关怀,使每个学生获得终身学习的能力以及生存和发展的能力。当然,对学生的评价不能孤立地看学生的某个单项素质,必须全面考查各项评价内容,综合运用各种手段,促进学生各项素质的和谐发展。

3.重视发展

新课程评价注重学生的发展。新课程评价标准试图打破过去以检测知识、技能、评价为主,一纸定终身的课程评价制度,以及防止出现过分依赖考试等量化评价方式的倾向。新课程评价的指导思想是:课程评价是为了创造适合儿童的教育,而考试与测验是为了选择适合教育的儿童。新课程评价重视采用灵活多样、具有开放性的质性评价方法,即关注过程性评价,及时发现学生在发展中的需要,帮助学生自我认识、建立自信,激发其内在发展动力,从而促进学生在原有水平上获得发展,实现个体价值。人的素质既具有相对的稳定性,又具有发展性。评价既要看现有的水平,又要看潜在的发展,挖掘学生的各种潜能。

4.强调实践

实践是检验学生素质的有效标准。实践是检验真理的唯一标准,同样学生素质的高低也可以通过实践来检验。人的素质的形成过程,是人将从外界获取的物质、能量、信息加以内化,逐步积淀为自己身心结构的有机组成部分的过程,是一个实践活动的过程。可以说实践活动是素质内化和外显的中介。评价学生的素质高低,要看他们在实践活动中的外显行为及该行为持久发挥作用的程度。只有用实践检验、评价学生素质,才能正确反映其素质发展水平。

5.承认差异

新课程评价尊重被评价者的差异性。新课程改革注意到统一的评价标准不利于不同的社会环境中的具有不同特点的被评价者的发展,提出评价标准既应关注对学生、教师和学校的统一要求,也要关注个体差异以及对发展的不同要求,为学生、教师和学校有个性、有特色的发展提供一定的空间。新课程评价认为,评价标准应是被评价者的前进目标和发展方向的具体体现,对于不同的被评价者也应有所区别。新课程评价尊重被评价者的差异,通过建立有一定弹性的评价标准为被评价者的个性发展提供空间,不同的评价标准意味着允许不同的被评价者有不同的发展方向和发展速度[3]。

参考文献

[1]张翼生.教育评价的基本原则和程序[J].北京广播电视大学学报,1997(2):7.
[2]江西省工作总结组.从课程改革入手,为素质教育助力[J].课程·教材·教法,2001(1):4.
[3]朱永祥.试论素质教育评价的若干特点[J].教育理论与实践,1997(6):21.

第四篇 院校发展

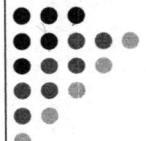

新建本科院校的办学理念

严 权

摘 要: 新建本科院校的办学理念偏失将长期制约和影响高校的正常发展。新建本科院校应该通过树立可持续发展、主体性教育、融通文理、特色化的办学理念来引领自身的建设和正常发展。

关键词: 办学理念;可持续发展;主体性教育;融通文理;特色化

新建本科院校作为特殊的院校群体,在我国高等教育改革的大背景下,机遇与挑战并存,但发展的前景十分广阔。这些新建本科院校在为地方培养应用型人才,推进高等教育大众化的进程,推动中心城市高等教育发展和本地区社会、经济发展等方面发挥着重要的作用。

一、办学理念的梳理

"理念"这个概念,近年来在教育领域出现的频率越来越高。深入探析并正确理解"理念"的内涵与外延,对于全面认识与解析办学的本质与功能,确立办学的思想和方向,指导院校的改革与发展,具有重要的理论与实践意义。所谓"理念",是指人们对于某一事物或现象的理性认识、理想追求及其所形成的观念体现[1]。一般来说,事物的变化和发展都有一定的规律或者说是指导原则,正如康德所说:"一切知识都需要一个概念,哪怕这个概念是很不完备或者很不清楚的。但是,这个概念,从形式上看,永远是普遍的、起规则作用的东西。"[2] 同样,高等教育的建设与发展也是有一定的指导原则的,它是办学者在长期教育实践中对

文章来源:《菏泽学院学报》,2007 年 12 月,有修改。

教育规律、教育功能的理性认识和思想观念的总称,是具有相对稳定性和连续性的办学思想。高等院校的办学理念是对高校精神、使命、宗旨、功能与价值观等高等院校发展的基本思想的概括性总结。

近年来,高等院校办学理念发生了巨大的变化。从国际上来看,世界一流大学办学理念有着以下一些共同的特征:①合理求实。这些一流大学一般都是从实际出发,理性地寻求事物的内在规律或规则,它们把追求真理作为自己发展的基本理念。②使命引导。一般是用简要的语言概述大学的各种目的,从中引申出大学的具体目标及各自相应的子目标,最后以子目标为依据制定各项政策。③学术自由。一般理解为不受妨碍地追求真理的权利。④大学自治。一般是指大学教授及其他研究者研究并发表其研究成果的自由,以及为了保障这些自由的自治。⑤积极应变。教育的目的不是为了获得知识,甚至也不再是学会学习,而是学会应变。学会应变就是要能够在变化着的世界中不断地站住和重新站住[3]。在国内,大学理念也发生了一些变化,如由"经典性"的大学理念"学术自由""大学自治""教授治校""教学与科研相统一"逐渐过渡到关注学校自身的可持续发展、关注社会的和谐发展、关注国家的创新与发展以及终身学习等。一般来说,这些大学办学理念的核心都包括对"大学是什么""大学应该做什么"这两个基本问题的价值判断和识别。

二、新建本科院校的办学理念偏失

总的来说,我国一些重点大学的办学理念对自身的建设和发展具有重要的引领作用。如北京大学的"博学、慎思",清华大学的"自强不息,厚德载物",南开大学的"允公允能、日新月异",武汉大学的"自强、弘毅、求实、拓新"等都凝聚着这些大学的办学理念和历史积淀[4]。然而,办学理念是建立在对教育规律和时代特征深刻认识的基础之上的,是大学的灵魂与大学精神的象征。办学理念一旦偏失,它将长期制约和影响高校的正常发展,严重阻碍高校培养人才、创新知识、引导社会发展使命的实现,是高校危机的根源所在。我国一些新建本科院校对于办学理念的认识还存在一定的偏失,往往只是停滞在"生存竞争"的浅层次上,突出了教育工具主义价值观,强调了人的工具理性,而忽视了人的价值理性。还有一些新建本科院校也像传统的学术型的大学一样,追求办学的学术性,表现为重学轻术、重技轻文、重事轻人。

造成新建本科院校办学理念偏失的原因表现在多个方面。一是新建本科院校校长缺乏应有的大智慧。校长的大智慧首先体现在他的办学理念上,校长有科学的理念,治校就有理想、有方向、有方法。二是大学主体精神的缺失。高校专业设置越来越复杂,而且重点放在科学技术的应用价值上,忽视了科学的文化启蒙价值;有的院校甚至成为职业训练所,而忽视了学生完美人格的塑造。三是受传统的高校制度钳制。传统的大学制度往往流于形式,而忽视了学生主体性的发展,在注重学生知识和能力培养的同时轻视了过程与方法目标,以及情感态度和价值观的培养。

三、建构科学合理的新建本科院校办学理念

"经典性"的大学理念在世界各国的大学发展与完善中起了重要的作用,而且时至今日仍不乏借鉴意义。伴随着 21 世纪知识经济时代的到来,高等教育发展的机遇与挑战并存。高等教育在新时期要抓住发展的机遇,不得不从传统的"象牙塔"式的"学术高墙"之内走出来,主动地去适应、服务、导引和推动社会的政治、经济、科技、文化、教育等方面的改革和发展。特别是一些新建本科院校在建构自己的办学理念时,只有和传统"经典性"的大学理念相辅相成、相得益彰,才能构成宏观性、外向性、社会性、服务性、引导性的办学理念。

1. 可持续发展办学理念

新建本科院校自身的发展要坚持可持续发展理念。"可持续发展"首先是作为经济发展问题而提出来的。"可持续发展"是既满足当代人的需要,又不对后代人满足其需要的能力构成危害的发展。经济合作与发展组织(OECD)于 2004 年发表"*On the Edge*:*Securing a Sustainable Future for Higher Education*",主要探讨在高等教育膨胀和政府拨款有限的情况下,高等学校的财务可持续能力建设问题。我国人均资源匮乏,生态环境脆弱,将来最可靠的资源就是人力资源。现实的国情决定社会发展和高等教育的发展,都要走可持续发展之路[5]。高等教育的发展,特别是一些新建本科院校的发展,不应片面追求规模的扩张,而要与社会乃至人类的经济、政治、文化、科技等领域的可持续发展相衔接、相协调并不断地优化结构,共同发展。

同时,可持续发展办学理念还有另外一层含义,就是高等教育要促进整个社

会的可持续发展。教育不仅是可持续发展的重要组成部分,而且是实施可持续发展的关键因素。高等教育在促进社会的可持续发展的同时,自身也要在新的时期新的要求下,进行新的价值定位,确立新的教育职责,最大限度地发挥其社会职能。发展的主体是人,人是从事可持续发展的关键因素和根本动力。新建本科院校在促进经济与社会的可持续发展过程中,主要是通过教育来树立各类专门人才的可持续发展理念,使他们增强尊重自然、珍惜资源、保护环境等可持续发展的使命感,引导他们转变传统的思维方式、生产方式和生活方式,增强他们支持与维护可持续发展的意识和自觉性,优化生态环境,参与社会生活,树立良好的社会风气。新建本科院校还要利用自己雄厚的学术力量和学科优势,通过知识的传播、知识的创新和知识的应用大力开展可持续发展的理论研究工作,主动为政府部门和有关职能部门提供智力支持和理论支撑。

2.主体性办学理念

人的主体性发展水平的高低是衡量一个社会进步程度的重要标志之一,是人的发展水平的重要尺度。在传统的办学理念中,对人的主体性和教育主体性的问题重视不够。人们在理解社会发展和个人发展关系时,通常只承认人的发展从属于、制约于社会的发展,人的发展取决于社会的发展,却很少意识到个人的发展水平同时又影响着社会的发展水平。当今社会知识爆炸和科学技术的突飞猛进意味着知识在不断地变革,正迫使人们在观念上对传统的教育做出反思。正如《学会生存——教育世界的今天和明天》所言:"未来的学校必须把教育的对象变成自己教育自己的主体。受教育的人必须成为教育他自己的人,别人的教育必须成为这个人自己的教育。"[6]世界各国的教育家和教育实践工作者也开始逐渐认识到,学生应该是教学过程中的真正的中心,教学中的任何活动、教师所做的任何努力,根本上是为了培养学生自主学习的能力,掌握自己摄取知识的方法。发展人的主体性是教育改革的一个主题,也是深化当前教育改革的一个突破口。

发展人的主体性是新建本科院校的根本出发点。高等教育要以育人为本,全面贯彻党的教育方针,始终把培养人才作为学校的根本任务,要以学生为主体,一切为了学生的发展,一切为了学生的成人成才,一切着眼于调动和依靠学生内在的积极性。促进学生自主性、能动性、创造性的发展是教育发展的目的,坚持以人为本是新建本科院校培养学生主体性的根本要求。在人才培养上,新

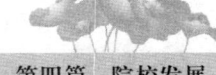

建本科院校要坚持以人为本的原则,教学内容安排、教学方式的选取和教学管理都要贴近学生的实际,从学生的知识结构、心理阶段和社会环境出发,科学安排,合理组织。在师生关系上,坚持以人为本就是指要实施主体性教育,承认师生是一种"主体间性"的关系,教学既要坚持以育人为本、以学生为主体,又要坚持以人为本、以教师为主体。在教学设计上,以人为本就是指要尊重人的个性,而活动是人类社会生命、能力、个性形成与发展的本源,活动教学思想是最本质的教学思想之一,它随着时代的发展不断地得到深化,不同时代、不同历史背景下教育赋予了活动教学以不同的时代内涵。

3.融通文理的办学理念

人文社会科学与自然科学具有历史的统合性。世界是一个不可分割的整体,对这个整体的探索、理解和描述,是包括人文社会科学和自然科学在内的文化体系的共同本质和共同责任。自然科学是关于"事实的知识",是教人求"真"的学问,要求知识符合事实,自然科学的运用即自然科学技术可助人求实、致用。人文社会科学是关于"价值的知识",是对"价值""善"和"美"的追求,要求行为符合道德,辨别"善与恶""美与丑",回答"应当怎样"的问题。人文社会科学的发展和人文精神的富足是满足人的精神需求,维系社会和谐发展的必要条件。自然科学与人文社会科学统合的基础是真善美的统一,统合的过程就是寻求两者所具有的共同特征的过程。

完美的教育乃科学精神与人文精神之融合。在这个科技打造的世界里,科技革命极大地提高了社会生产力和人类认识与改造自然的力量。人们肯定了科学技术是现代文明进步的重要因素,并且将人类更美好的未来寄托于科学技术进一步的发展中。与此同时,伴随着伟大的科技成就,出现了一种前所未有的、一系列的对人类命运产生不良甚至致命影响的全球性问题和危机,如核武器的威胁、环境的恶化、人口的问题等。为了人和社会健康持续发展,人们不得不反思科学精神和人文精神分离给人类和社会的发展所带来的恶果,并且意识到必须在发扬科学精神的同时弘扬人文精神。一方面新建本科院校办学理念应该体现对科学精神的追求,科学精神是高校发展的必要条件,学术是大学的逻辑起点,对知识的传递、批判和探索是高校永恒的主题;另一方面,新建本科院校办学理念需要体现对人文精神的弘扬,着眼于人本身,关注人的成长及尊严,实现人的全面发展。同时,新建本科院校还要注重专业的不断调整与改革、学科之间的相互渗透与融合，并使教学内容与课程结构充分体现经济、社会、人、自然之间的全面、协调发展。

4.特色化的办学理念

特色是一所大学区别于其他大学的个性化的表现。大学的办学特色是指一所大学在发展历程中形成的比较持久稳定的发展方式，是一所大学赖以生存与发展的生命线，也是一所大学的优势所在。高校的办学特色是办学质量的集中表现或标志，没有特色的大学是没有发展前途的。大学要生存与发展就必须办出特色，从一定意义上说，"特色就是质量"[7]。办学特色是高等院校的生存与发展的生命线，高校要树立特色意识，以特色求生存，以特色求发展。高校的办学特色体现为在办学理念导引下，从高校系统、社会系统、全球化的文化系统等角度对自己进行准确定位。

新建本科院校不能因盲目地追求规模而导致缺乏特色。新建本科院校要想提升教学质量，必须走特色化的办学道路。这里的特色包括办学目标特色、学科专业特色和人才培养特色。新建本科院校不是研究型的大学，也不是研究教学型的大学，而应该是应用型的大学。因此，其人才培养目标应该以培养面向生产、服务、管理第一线的应用型人才为主要目标，根据社会的需要设置专业，以培养创新能力为目标制订教学计划和设置课程。同时，新建本科院校也应该注重自己的区域性办学特色，其出发点和落脚点就是服务于地方、社会行业的经济发展。对于学科专业的发展，新建本科院校不应采取均衡发展的策略，而是要重点扶持优秀学科与专业。就人才培养特色而言，新建本科院校要真正确立人才培养的质量意识，体现所培养人才的独特性、自主性、创造性与和谐性的统一。

参考文献

[1]韩延明.大学理念论纲[M].北京:人民教育出版社,2003:58.

[2]北京大学哲学系外国哲学史教研室.西方哲学原著选读[M].北京:商务印书馆,1982:269.

[3][7]田晓明,芮国强.大学办学理念的历史嬗变及创新[J].扬州大学学报(高教研究版),2005(2):18,19.

[4]田真.浅析新时期我国高等教育改革与发展中的办学理念[J].高教研究,2004(1):52-53.

[5]国家教育发展研究中心.2006年中国教育绿皮书——中国教育政策年度分析报告[M].北京:教育科学出版社,2006:116.

[6]联合国教科文组织国际教育发展委员会.学会生存——教育世界的今天和明天[M].华东师范大学比较教育研究所,译.北京:教育科学出版社,1996:200.

新建本科院校的办学定位

严 权

摘 要:新建本科院校的办学定位是学校改革和发展的基本依据,专业应用型应该是新建本科院校的基本定位。文章从中观层面论述了专业应用型本科院校的办学定位,包括办学规模、办学目标、办学类型、办学层次、办学形式和服务面向等。

关键词:新建本科院校;办学定位;专业应用型

高等院校办学定位是指高校在整个社会结构和高等学校结构中以及在要培养的人才质量规格上,确定自己的发展方向和奋斗目标。新建本科院校的办学定位是学校改革和发展的基本依据,专业应用型应该是新建本科院校的基本定位。关于专业应用型这个概念,潘懋元先生认为,它"应该是个比较宽泛的概念,它的外延包括'工程应用型''技术应用型'和'服务应用型'"。参照德国、法国等发达国家的高等专业学院的英文翻译名字,在过去,我国高等专业学院经常被称作高等专科学校和专科高等学校[1]。这类地方高校主要从事专业应用教育和研究工作,与注重学科基础研究的普通综合性大学具有同等价值,但培养目标和办学定位不同,大多属于本科层次的专业应用型学校。

科学定位是优化高等教育结构的必然要求,是高等学校实施有效治校的起始条件。高等院校进行合理定位,有助于明确自己努力的方向,提高院校办学水平,实现可持续发展;还有助于学校找准自己的位置,优化高等教育结构,走特色化的道路,培养"对口适销"的行业急需人才。新建本科院校进行科学合理的办学定位是世界各国高等教育多样化、合理化的共同趋势,是高等教育在社会经济

文章来源:《荆门职业技术学院学报·教育学刊》,2008年4月,有修改。

发展到一定阶段的必然产物,是地方或区域经济发展要求加快发展高等教育的必然结果。如果办学层次、办学目标定位过高,在学科门类上盲目"求全",在办学规模上盲目"贪大",以及在经济利益的驱使下盲目地设置所谓的"热门"专业,这样毫无疑问会影响学校的发展思路、发展方向、奋斗目标和战略举措的实现,必然会导致学校发展走弯路,丧失发展的机遇。

高等院校科学的办学定位,要以先进的教育思想为指导。新建本科院校应该适应科学技术发展的需要,满足人们对高质量的高等教育的需求,从而进行合理科学的定位。具体来看,新建本科院校在进行办学定位时,主要考虑这些因素:学校发展的历史和基础条件;学校所处的区域经济、文化的发展状况,对人才数量、质量、规格、类型的要求;其他高校发展的动态趋势;学校自身的办学条件;资金来源和筹措能力等。科学的办学定位要遵循比较优势的原则,涉及学校总体目标、基本职能、学校类型、办学层次、服务面向等问题。

首先,从专科教育转为普通本科教育,新建本科院校急需解决的问题就是按照大学分类来重新定位。定位的基本依据应是联合国教科文组织批准的《国际教育标准分类法》(1997年修订稿)。联合国教科文组织的分类法既考虑到美国等发达国家的实际情况,也考虑到发展中国家的实际情况,主要以培养人才职能来分类,并兼顾年限长短与学位高低,其分类比较普遍适用。该分类将第三级教育高等教育分为两个阶段[2]:第一阶段(序数 5)相当于专科、本科和硕士生教育,第二阶段(序数 6)相当于博士生教育阶段。第一阶段分为 5A 和 5B 两类:5A 类是理论型的,学习年限较长,一般为四年以上,并可获得硕士学位证书,"目的是使学生进入高级研究项目或从事高技术要求的专业";5B 类是实用技术型的,学习年限较短,一般为两年至三年,也可以延长至四年或更长,学习内容是面向实际,适应具体职业内容的,"主要目的是让学生获得从事某个职业或行业,或某类职业或行业所需的实际技能和知识"。5A 类又分为 5A1 与 5A2;5A1 是按学科分类,一般是为研究做准备的;5A2 主要按行业分类,一般是从事高科技要求的专业教育。新建本科院校应该定位为 5A2 类型,也就是介于研究型大学(5A1)和职业型院校(5B)之间的第二种类型的专业应用型大学。如果抛开了这一定位,以学术性、研究型为发展方向,办成多科性综合大学,就不符合社会对高级专门人才多样化的需求,也违反了教育的外部关系规律,就会一方面形成"过度教育",另一方面导致"学非所用",势必造成人才的极大浪费,它的直接后果是用人部门难以获得适用人才,毕业生也难以找到适合的工作[3]。

其次,高等教育结构必须与社会多样化的需求相衔接。从这个角度看,各种类型的大学都有自己生存的广阔天地,各自都有独到的存在价值。现代高等教育与社会存在着千丝万缕的联系,其发展定位不仅受一定社会历史条件的制约,而且也为自身的性质和条件所限制。新建本科院校一定要认真分析自身性质和特点,明确自己所面对的社会经济发展需要和时代的要求,根据自己的办学优势和实际能力,量体裁衣,量力而行。21世纪,我国政治、经济、文化等各方面都发生了巨大的变化,尤其是产业结构和就业结构调整、变化的状况将直接关系到高等学校的定位[4]。特别是社会产业结构的变化引发对数以万计的专业应用型高级专门人才的需求,同时,伴随着城市化进程的加快、产业结构的调整,职业岗位对从业人员技术水平和文化水平的要求也大大地提高了。新的历史时期,我国在向世界制造业迈进的过程中,科技和经营管理人才与高水平的生产一线的专业应用型人才将发挥决定性的作用。

最后,新建本科院校在进行科学定位时要充分体现地域经济、文化优势。新建本科院校办学定位要体现独特性,并在与地域经济、文化相融合的过程中,确定学校的发展目标、建设重点,办出地方大学的区位特色和文化特色,增强自身核心竞争力和办学影响力、吸引力。新建本科院校的文化建设与地方文化有着相互影响、相互作用、相互依赖的辩证关系。地方文化是学校文化建设的基础和平台。学校文化是地方文化建设和发展的引航标和"孵化器"。这就要求在学校文化建设中凝练能够服务社会的"内功",集聚能够服务社会的"资本",从而彰显学校文化应具有的独特魅力,产生深刻广泛的教育影响力。

高等院校的办学定位涉及面很广,内涵极其丰富,主要表现在人才培养、科学研究和社会服务三个方面。因此,高等院校的办学定位通常涵盖以下三个层面:一是高等院校必须明确自身在整个社会大系统中的位置,也就是要考虑高等院校与社会需要的关系,即宏观定位;二是高等院校在定位时必须考虑自身在整个高等教育系统中的位置,即中观定位,主要包括办学层次、类型和规模等;三是高等院校在办学定位的过程中必须考虑自身内部学科结构与专业设置定位、人才质量规格定位,即微观定位[5]。本文主要从中观层面来谈新建本科院校的办学定位,包括办学规模、办学目标、办学类型、办学层次、办学形式、服务面向等。

(一)办学规模定位

办学规模定位是学校对办学规模做出的界定,是数量目标定位。高等院校

的规模与结构、质量、效益密切相关。高等院校要根据自身的条件和社会的需要确定一个合适的办学规模。新建本科院校的办学规模取决于学校学科的现有基础以及学校的教育资源,也要结合所服务区域的经济发展的需要和学校的办学资金的来源进行综合考虑。新建本科院校不能不顾客观条件的限制,一味地"求大""贪全",以谋求办学规模的扩大带来的短期效益,而应在充分考虑、认真分析高等教育的发展趋势和可利用的办学资源的基础上,合理确定办学规模,以保证教学质量来谋求院校可持续发展。

(二)办学目标定位

办学目标是高等院校的奋斗目标和努力方向。高等院校必须有一个明确的、充满生机和活力的办学目标。高等院校的办学目标定位是指高等院校要确定一个自我超越的努力方向,确定合理的办学策略,从而增强高等院校的凝聚力、向心力和感召力。高等院校的出发点是人才培养,因而高等院校办学目标的定位首先应该考虑人才培养的规格,明确人才培养的类型。新建本科院校的办学定位不能确定为学术型、研究型的人才培养目标,而应该确定为专业应用型的人才培养目标,强调培养对象的专业能力、学习能力和就业能力。也就是说新建本科院校应该将培养面向生产、建设、管理、服务第一线的高素质的专业应用型本科人才作为办学人才培养目标,强调学用结合、学做结合、学创结合,以学研产训合作教育为主要人才培养模式。社会发展不仅需要科研领军人物,也需要大批专业应用型本科人才。

(三)办学类型定位

办学类型定位是以客观性为标准的,它反映了高等教育的分工和协作关系。目前我国提出的关于高等学校类型结构的分类,主要依据美国"卡内基高等教育机构分类表",把高等学校分成研究型、研究教学型、教学研究型、教学型等。这一分类基本是按学位高低来划分层次的,容易导致高校重学轻术、层层攀高。比较而言,联合国教科文组织以人才培养职能作为分类的标准可能更为合适一些。按照人才培养的类型来划分,高等院校主要分为三种类型:以培养研究型人才为主的研究型院校、以培养应用型人才为主的专业应用型院校和以培养技能型人才为主的职业型院校。根据我国高等教育的现状、社会对人才规格的不同要求,新建本科院校应该属于第二种类型的大学,即主要培养大量的专业应用型高级专门人才。"它们中的大多数应当定位于教学型,有的也可定位于教学研究型,能够承担一定的应用性科研任务,但总体上是以教学为主,而不是以科研为主或教学与研究并重;它可以培养专业硕士研究生,但以培养本科生为主;同时,它虽面向行业,但培养的是行业的'师'字号高级专门人才,专业口径较宽,适应面较广,理论水平较强,实践能力更强,从而与面向具体职业的高职高专相区别;后者相当于 5B 类型,培养在生产、建设、管理、服务第一线的实用性技术人才。"[6]新建本科院校要树立以教学为中心的观念,同时要正确处理教学与科研的关系。随着高等教育大众化时代的到来,新建本科院校要承担大众化教育的重任,主要是培养面向生产、建设、管理、服务等第一线的专业应用型人才。

（四）办学层次定位

办学层次主要指学术贡献和人才培养的层次。新建本科院校可以在办好全日制本科教育的前提下,兼备少量的专科教育。在办本科教育的同时,应该重点办好一些专科专业。办专科教育一般来说是新建本科院校的传统优势。新建本科院校不能因为升格为本科而忽视、放松专科教育,而要大力办好一些有充足生源、良好就业形势和广泛社会需求的专科专业。应用型研究生教育也应该是新建本科院校今后发展的一个生长点。新建本科院校在起步阶段,可以采取挂靠、合作等方式联合培养研究生,在学科建设、学术梯队逐步成熟,科研成果逐步增加后,再争取独立开办应用型研究生教育。

（五）办学形式定位

新建专业应用型本科院校可采取灵活多样性的办学形式。我国高等教育的办学形式一般分为学历教育和非学历教育,按照学制可以分为全日制教育和非全日制教育。我国高等教育在 20 世纪 50 年代后就形成了全日制普通高等教育和成人高等教育相互并存的办学方式,在大力发展普通高等教育的同时,大力发展成人高等教育,形成了具有特色、自成体系、相对独立的成人高等教育体系。近年来,高等教育体系和办学形式的改革、调整,使我国高等教育体系结构和形式结构更加优化,更加协调,为推进大众化高等教育的发展起到了很好的促进作用。现代高等教育大众化、普及化和终身化观念揭示了大学教育的职能在时空上的新扩展,它同时深刻地揭示现代高等教育中普通教育与成人教育一体化的内在要求。一般来说,新建本科院校的办学形式可以采取全日制普通教育、非全日制成人教育及各种形式的培训并举的方式。新建本科院校在推行学历教育的同时也应该大力开办各种形式的非学历教育。在办学组织形式上,新建本科院校可以推进学校教育、远程教育等多种形式相结合的学历教育。发展远距离教育是推进高等教育大众化、解决农村基层高等人才缺乏问题的重要手段和途径,这也是新建本科院校不容忽视的一点。

(六)服务面向定位

服务面向定位是指高等院校在人才培养、科学研究和社会服务等方面的范围和层次。服务范围是指高等院校是为行业服务、为区域或地方经济服务或是为全国服务。高等院校应坚持以经济建设和社会发展为主要的服务方向,特别是要根据区域或地方经济和产业结构的特征以及社会文化发展来筹划学科建设,确定专业设置并进行课程开发,这是高等院校统筹各种办学资源的基础。新建本科院校要服务于地方、区域和行业的经济建设,坚持全面发展和协调发展的办学理念,着眼地方经济发展之需,为地方培养所需要的人才,围绕地方、区域和行业服务做文章。新建本科院校在把本地区作为首选服务对象时,应加强与社会的联系,拓展人才培养与输送渠道,创建新的人才培养模式,紧跟新兴产业的发展方向,体现社会经济发展对人才素质的综合要求等。新建本科院校在应用技术的研究和开发方面具有一定的基础,应该紧紧围绕区域或地方经济建设的重点来确定研究方向,同时也要积极参与地方高新技术攻关工作,使学校的科研成果在本地经济建设的主战场中发挥最大作用。

参考文献

[1]马陆亭.德国学术性人才和应用性人才并行培养体系的启示[J].中国高教研究,2003(3):70-71.

[2]潘懋元.中国高等教育的定位、特色和质量[J].中国大学教学,2005(12):4-6.

[3]潘懋元,吴玫.高等学校分类与定位问题[J].复旦教育论坛,2003(1):5-9.

[4]刘伟.试论教学型大学办学定位的依据及特征[J].华北水利水电学院学报(社科版),2004(4):75.

[5]陈杰.对目前我国高校办学定位若干问题的思考[J].湖南人文科技学院学报(高教版),2006(5):123.

[6]潘懋元.新建本科院校的办学定位与特色发展[J].荆门职业技术学院学报·教育学刊,2007(7):2.

走进"社会大课堂"

田学军　严　权

摘　要：师资队伍、课程体系和教学评价,是人才培养质量的重要保障。基层应用型人才的培养应该走进"社会大课堂",让社会优质师资融入人才培养体系,在社会活动中培养人才,按社会标准评价育人质量。

关键词:"社会大课堂";人才培养;应用型人才;社会活动;社会评价

高等教育是建立在普通教育基础上的专业性教育,以培养各种专门人才为目标[1]。应用型本科教育是我国高等教育的重要组成部分,按照联合国《国际教育标准分类法》和潘懋元先生的三分法理论,应用型本科教育类属学术性研究型大学(5A1)和职业性技术型院校(5B)之间的第二种类型的应用型本科教育(5A2)[2]。应用型本科教育侧重应用学科研究,以应用型专业教育为特征,以培养高素质应用型人才为标志。这些应用型本科院校数量多,分布广,办学历史悠久,与地方经济社会发展联系紧密;同时承担着培养"数以千万计的"高素质基层应用型专门人才的重要使命。

建设高等教育强国必须有多样化的高等教育体系作为支撑,必须重视和加强应用型本科教育的发展。这类教育不是沿着以学术为导向的传统本科教育的惯性运行,而是着眼价值理性和特色创建的战略层面,以培养社会急需的应用型高级专门人才作为办学的核心价值和终极追求,突出专门性、实践性和行业性,强调厚基础、宽专业、多方向、人本位,探索大众化高等教育的新范式,形成关键性的持续竞争优势,以真正超越学术型本科的应用型本科教育模式引领学校"错位发展",最终凸显地方应用型本科教育的鲜明特色。因此,围绕和谐社会经济

文章来源:《成人教育》,2012年第11期,有修改。

建设这个中心,我国按照"高等教育分层分类办学"的要求,制定了创办中国特色基层型大学的战略目标:形成"立足基层、志在高远,融入社会、追求卓越"的办学理念。

人才培养模式是实现办学定位的关键。模式是理论和实践之间架起的桥梁,人才培养模式旨在揭示人才培养过程中应当遵循的基本规律,使人才培养更加科学有效。有学者指出,人才培养模式是在一定的教育思想和教育方针指导下,为实现一定的培养目标,在培养过程中采取的能够稳定培养学生知识、能力、素质的结构框架和运行组织方式,即重在解决"怎么培养"的问题[3]。应用型本科人才培养模式建构应在特定的教育理念支配下,突出范型性、系统性、中介性和过程性四大属性,着眼专业设计、课程模式、教学内容、教学方法和运行管理等构成要素,遵循最优原则、能力本位原则、区域经济相结合原则和就业导向原则,根据应用型人才培养目标,设计知识、能力和素质结构培养方案。为了实现基层应用型人才培养这一办学定位,势必在传统的人才培养模式上进行突破。为此,我们要着力构建"社会大课堂"的人才培养模式,开发"社会大课堂"课程模块,使育人活动积极融入基层社会、融入生产第一线。

"社会大课堂"不是单一的讲座或学术报告,而是以"融入社会、协同发展"为主导思想来开展育人活动。在人才体培养系中"社会大课堂"既是一门课程,又是一个核心课程模块,更重要的是它还是一个办学理念,可延伸到其他课程模块,并引领人才培养体系的一体化改革。在以"社会大课堂"引领的人才培养体系的建构中,我们以培养学生的"社会人"意识为主线,让思想政治教育、专业教育、实践活动、就业教育等紧紧围绕这一主线展开。它要求在教育理念上将人文素质与专业素质并重,在教学形式上将第一课堂与第二课堂互补,在管理方法上将教学工作与学生工作联动,在人才培养上促进理论教学与实践教学互动,在教育模式上将校内教学与校外教学结合。应用型人才的培养,应以社会化教育教学活动为平台,达到培养具备"社会人"高素质应用型人才的目的。

一、让社会优质师资融入人才培养体系

合格的"社会人"必须由合格的"社会化"的师资队伍来培养。只有将优秀的"社会人"和社会教育资源整合,才可能培养出优秀的应用型人才。大学是社会优质教育资源的开拓者、组织者,在人才培养体系构建上,坚持育人为本,坚持大学社会化的思路，坚持"社会化"的师资队伍建设观。德国高等专业学院的建立与发展，注重培养过程的社会化，是借鉴"双元制"教育的成功典范。政府立法保障，校企密切结合，强化实践应用，由企业主导整个实践教学过程，并由企业提供实践教学经费，评价考核实践教学成果，是德国高等专业学院（FH）培养模式的精髓[4]。他们在培养基层应用型人才的过程中，整合优质社会资源，让社会师资融入人才培养体系。

1. 学生自主组织社会教育资源授课

"社会大课堂"是在基层应用型人才培养方案中专门设置的特色课程模块。"社会大课堂"是培养学生以和谐思维认识社会，以阳光心态适应社会、融入社会的主要窗口。该课程的实施形式以讲座为主，要求学生在大学期间完成各个学期相应的学分。按照"大学是社会优质教育资源的开拓者、组织者"的治校理念，学生全程参与教师聘请、课程设计等环节。外聘教师主要由当地政府、行业、企业遴选的专家构成，课程内容包括形势改策、法律法规、国防军事、公共关系、市场经济、文化体育、婚恋家庭等多个领域。该课程以学年度为周期实施教学，按照课程计划规定开课时间，学生自主选课。学生通过该课程的学习，可以充分了解社会、认识社会，有效提高自己适应社会、融入社会的综合素养。

2. 聘请企业专家完成专业课程授课

工科学生走向社会的第一站大多是企业。根据"社会大课堂"的人才培养理念，学校在产学研课程模块中设置了部分企业课程，目的是让学生认知企业、学习学科前沿技术。以"企业仿真"课程为例，该课程按模块化进行教学，主要分为企业管理体制、机构设置、产品研发、生产工艺、财务运行、市场运行等模块，授课的教师全部来自校企合作的企业。学校在企业中按工种聘请了大量专业技术人员作为客座教授，这些企业教师根据自己的工作性质完成相应模块的教学工作。学生通过这类课程的学习，能够感受企业、认识企业，极大地调动了学习专业知识的积极性，并且能够对自己将来的发展进行初步定位。同时，这些企业将自己的理念、文化传递给学生，将技术教授给学生，学生毕业后若在企业就业能很快地适应企业的运行模式，为企业的发展发挥积极作用。

3. 实行"双导师"制实践教学

学校应加强"双导师"教学团队建设，聘请企业专家为实践教学导师，积极建

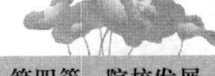

设校内外实践实训基地,加大对实验实训的投入力度,注重将教育教学、人才培养与服务基层经济社会有机结合起来。对应用型本科院校来说,学生的实践能力是人才培养质量的重要体现。学生的实践能力不能单纯从校内课堂上获取,由专任教师在实验室指导也不能达到预期效果。在人才培养方案中,学校将"社会大课堂"的理念延伸至实践教学环节,对学生的课程设计、毕业设计等实行"双导师"制。学生设计的内容主要由企业人员根据企业生产技术和工艺特点提出,校内教师结合教学要求与企业人员共同拟定。校内教师指导学生在学校完成方案的设计与制定,企业教师指导学生在企业完成方案的实施。学生的设计成果由校内外两位导师共同评议和考核。"双导师"教学缩短了教学与生产实际的距离,促进了产学研一体化,提升了学生的专业素养和社会素养。

二、在社会活动中培养基层应用型人才

理论教学与实践训练相结合,通过学习理论来指导实践,通过实践加深对理论的认识,这是一个循环往复、不断深化的过程。德国应用科技大学的课程体系非常重视理论教学与实践训练的结合。德国应用科技大学专业设置涵盖范围广,教学目标、教学实践都以应用为导向,理论与实践紧密结合,并立足于专业性或地区性的应用研究和开发。我国的应用科技大学的课程体系也强调应用,包括面向理论的学习、面向实践的培训及较宽泛的基础教育三个部分。课程体系尤其重视实践教学,并将实践教学和理论教学结合起来,使学生尽早地将理论学习有效地应用于工作实践,以便将来能顺利地适应工作[5]。

1.以生产实践项目引领课程实施

在人才培养方案的设计中,对职业性课程的实施主要采用项目引领、任务驱动的教学模式。在教学过程中,教师以知识单元结合生产实际来设定实践项目,这些项目含设计型和综合型实验、小型作品的生产制作等。学生按项目的要求展开学习,完成项目即可视作完成本单元学习任务。学生的学习不再是按照教材或参考书按部就班听老师讲授,而是带着任务去学习、去思考、去研究。老师除了讲授知识外,更重要的是根据学生对项目的理解,随时跟进指导,帮助学生完成项目。各个知识单元的项目完成之后,能够保证学生较好掌握整个课程的知识体系并予以运用。对这类课程的考核同样以项目形式进行,以完成项目结题报

告、制作出实践作品为考核标准。项目化教学集生产实际与课堂教学于一体,将企业实际需求变成教学和考核项目,并将完成实践要求作为考核标准,改变了原有教学及考核的方式方法,培养了学生发现问题、分析问题和解决问题的能力。

2.在社会实践中培养学生的创业精神和创新精神

"社会大课堂"的社会属性要求课堂应该前移到社会中去。根据这一思路,在人才培养方案的设计中,对部分课程的教学形式进行了改革,其特点是教学地点不再仅仅局限于学校和教室,而是树立社会即学校的观念,将整个社会都视为学校的课堂。如"两课"[①]教学只有贴近实践、贴近生活才能使教育内容更加丰富多彩,才能使学生真正受益,才能培养学生树立正确的世界观、人生观、价值观。仅仅局限在课堂上的教学,培养不出学生的创业精神、创新精神,也培养不出合格的应用型人才。除了课堂教学外,学校还采用了社会实践的形式,让学生到工农业生产的第一线,真正体会国家的繁荣与富强,真正感受改革开放的巨大成就。"社会大课堂"的核心就是坚持"立足基层、研究基层、服务基层",在生产、生活的第一线培养具有良好社会素养的基层社会经济建设需要的应用型人才。高等教育应加强"知行一体"课程体系和教学质量监控体系建设,通过校企产学研合作、"双证书""双学位"等方式,强化学生实践能力培养,重视学生人文素养和科学精神的培养,培养学生的创新精神、创业素质和专业实践能力,适应基层社会发展对人才的需求。

3.在校外活动中开展素质教育

高等教育应该注重学生全方位素质的提高。仅仅用专业知识教育人的教学方法,难以培养出一个全面发展的人。学校应在人才培养体系设计中将"就业指导"课打造成学生融入社会、推销自我、培养社交能力的平台。该课程分为几个模块:校内教师理论教学、校外教师讲座辅导、企业模拟求职招聘、暑期求职实训。校内教师理论教学主要讲述相关政策法规、求职方式等内容;校外教师讲座辅导主要指由若干人力资源部经理结合各自企业对人才的需求进行剖析,对学生在专业学习重点、沟通礼仪等方面予以指导,帮助学生提高社交能力;企业模拟求职招聘时学生完全按照企业的要求展开求职应聘活动,企业人员对学生求

---

① "两课"指我国在普通高校开设的马克思主义理论课和思想政治教育课。

职的全过程进行点评,帮助学生找出就业沟通中存在的问题;暑期求职实训要求学生自己联系专业对口的企事业单位实习、做暑期工,并进行社会调查,磨炼融入社会的能力。

三、按社会标准评价育人质量

学校的一切工作都要以人才培养这个根本任务为出发点和落脚点,以适应社会需要为衡量人才培养质量的重要标准。大学培养的人才是否满足社会需要,绝不能单纯以学校组织考试这种简单的方式来评价,必须按社会行业和企业的标准来检验。日本高等专门学校根据1983年日本政府创建的共同研究制度、委托研究制度、委托研究员制度以及奖学金捐赠制度等相关规定,来开展大学人才培养质量的监控活动。这些特色型大学以行业为依托,围绕行业需求,针对行业特点,为特定行业培养高素质专门人才,是与市场、产业、行业和岗位群密切联系的大学,同时市场、产业、行业和岗位群又是大学人才培养质量的真正评价主体。

人才培养质量不是由学校根据自己拟定的标准来评价的,它必须由社会来检验。在人才培养方案的设计中,学校应根据国家标准、行业标准、企业标准制定教学目标。凡是由政府部门(如劳动和社会保障部门)、行业(如电力部门)、企业(如 ADOBE 公司)开展了从业资格认证的,相关课程的实施均按认证要求开展,并鼓励学生获得这些机构的认证证书,以这些机构的标准作为考评人才培养质量的重要尺度。用社会标准作为人才培养质量标准,促进了人才培养质量的提高,也保证了学生所学知识能适应社会、服务社会。

参考文献

[1]潘懋元.新编高等教育学[M].北京:北京师范大学出版社,1996:5.

[2]潘懋元.再论新建本科院校的定位、特色与发展[J].荆门职业技术学院学报·教育学刊,2008(7):1-4.

[3]杨兴林.应用型人才及其培养模式的研究[J].黑龙江高教研究.2007(6):164-167.

[4]潘懋元,车如山.特色型大学在高等教育中的地位与作用[J].大学教育科学.2008(2):11-14.

[5]高林.应用性本科教育导论[M].北京:科学出版社,2006:67.

论地方本科院校创新创业教育

严 权

摘 要：创新创业教育是适应当前经济社会发展和高等教育自身发展需要的必然产物。实施创新创业教育是地方本科院校发展的基石、实施素质教育的基本要求,并能缓解大学生的就业压力。地方本科院校实施创新创业教育应该更新传统的创新创业教育观念;增强创新创业教育和专业教育之间的联系;强化课程的整合;重视课程体系的开发;践行创生取向的课程实施观;走进"社会大课堂",突出实践教学,等等。

关键词：地方本科院校;创新创业教育;课程;策略

创新创业教育是适应当前经济社会发展和高等教育自身发展需要的必然产物。经济社会的发展,知识经济的兴起,使得国家核心竞争力更多地表现为对人力资源和知识成果的培育、配置和调控。知识经济的发展以高素质创新创业人才为基础。从当今世界知识经济一体化的角度来看,实施创新创业教育已成为经济社会发展的迫切需求。经济社会和知识经济的发展对服务于地方和行业经济建设的地方本科院校实施创新创业教育提出了全新的要求。

一、创新创业教育的内涵

"创新创业教育"的概念是由"创业教育"的概念发展演变而来。"创业教育"的概念是 1989 年联合国教科文组织(UNESCO)在北京召开的"面向 21 世纪教育国际研讨会"上提出的。随后,人们将"创新教育"的理念融入"创业教育"中。

文章来源:《职业技术教育》,2017 年第 7 期,有修改。

创新创业教育是知识经济时代的一种产物,作为一种教育观念和教育形式,其内涵相当丰富。

关于"创新教育",不同学者有不同的见解。有学者认为,"创新教育"是激发人们的创新意识、培养人们的创新思维与创新能力的教育。还有学者认为,"创新教育"是相对于传统教育而言的,是一种新的教育理念和教育形式,是与时俱进的教育。关于"创业教育",学者们也给出了广义的和狭义的不同界定。广义的"创业教育"是指培养具有开创性精神的人的教育,实质上,也就是一种素质教育。狭义的"创业教育"是指培养具有从事工商业活动的综合能力的学生的教育。其实,"创新教育"和"创业教育"在很大程度上是重合的。"创新教育"和"创业教育"的价值取向相同,都是培养具有一定创新精神与实践能力的人,两者具有共同的目标;"创新教育"使"创业教育"融入了素质教育的要求,"创业教育"则使"创新教育"更为具体和实在。当然,"创新教育"和"创业教育"也是有区别的。"创新教育"更强调素质方面的教育,侧重人的创新思维能力的培养;而"创业教育"更多地关注人生自我价值的实现,侧重实践能力的培养[1]。

二、实施创新创业教育的价值

创新创业教育最初萌发于美国,目前已经在全世界兴起。创新创业教育在我国的出现不是偶然的,而是知识经济时代的必然产物。从世界各国发展经验来看,无论是发达国家,还是新型工业化国家,都是在经济转型升级中实现持续快速发展。我国正处于经济转型时期,由原有的粗放型经济转变到知识经济,全民创业、万众创新尤其重要。新时期地方本科院校应实施创新创业教育,培养具有创新精神与创业能力的技术技能型人才,为建设创新型国家提供人力支撑和智力支撑。

(一)实施创新创业教育是地方本科院校的生命线

创新创业人才培养是地方本科院校发展的生命线。地方本科院校总体上发展形势良好,为我国小康社会的建设和高等教育的发展做出了重大贡献。但是,与此同时,由于地方本科院校发展过快,办学资源供给不足,也缺少成熟的办学经验,特别是被当今科学主义、功利主义的思想所笼罩,地方本科院校发展中还存在一定的问题。地方本科院校能否科学发展,最关键的因素就是看培养的人才能否适应经济社会建设的要求。当今经济社会的建设,需要大量具有创新精神与创业能力的人才。作为以服务于地方经济建设与行业经济发展为办学导向的地方本科院校,树立创新创业教育理念和确定创新创业教育人才培养目标就显得特别重要。地方本科院校实施创新创业教育是时代的呼唤,也是自身发展的基石。

(二)实施创新创业教育是素质教育的急切需求

素质教育是以提高受教育者各方面的素质为根本目的的教育范型。素质教育注重人的思想道德品质的养成、能力的培养、个性的发展、人格的健全。实施素质教育的根本目的,就是培养学生的创新能力。能力本质上具有创造性,创造性是生产力发展与社会发展的基础,创造是社会进步与发展的前提。实施创新创业教育的根本目的与实施素质教育的目的一致,都是培养学生的创新精神与创业能力。实施创新创业教育的价值取向应该是社会本位、学生本位和知识本位价值取向的融合,而且学生本位的价值取向更具有根本性。因为,以人为本的教育"不能只考虑作为'工具的人',也应该考虑作为'目的的人';不能只提高人的生存能力,也应该考虑如何增加人存在的意义"[2]。

(三)实施创新创业教育能够缓解大学生的就业压力

当今社会总体就业形势不容乐观,大学生面临极大的就业压力。就业压力源是一个客观变量,呈静态,是个体在就业过程中经历的各种生活事件、突然的创新性体验、慢性紧张等。面对同一就业压力,不同的大学生会有不同的压力反应。目前,我国劳动力数量供大于求,再加上经济结构和产业结构不合理等原因,今后若干年,我国每年都将有数以百万计的就业岗位缺口,然而,我国每年高校毕业生都将增长五六十万人。面对极大的就业压力,地方本科院校只有更新大学生的就业思路,鼓励学生自主创业和灵活就业,开辟多元化的就业渠道,才能缓解大学生的就业压力。

三、地方本科院校实施创新创业教育的策略

地方本科院校实施创新创业教育是一个长期而艰巨的任务。2015年5月,国务院颁发的《关于深化高等学校创新创业教育改革的实施意见》指出,当前我

国创新创业教育存在理念滞后、与专业教育结合不紧、与实践脱节等问题。面对这些问题,地方本科院校实施创新创业教育,可采取如下策略。

(一)更新传统的创新创业教育观念

传统的创新创业教育观念落后。目前,我国关于创新创业教育的观念比较世俗化、功利化和简单化,主要表现为:认为创新创业是不务正业,功利化倾向严重;把创新创业等同为"地摊式"的活动,形式主义严重;把创新创业教育看作就业培养,简单化倾向明显[3]。实施创新创业教育,并非仅仅是知识教学、就业培训,教学、培训只是手段,教育才是目的。创新创业教育既是一种思维方式,也是一种教育形式。地方本科院校实施创新创业教育并不是要把所有的学生都培养成"老板",而是将"创业"作为一种精神、一种能力和一种素质融入育人的全过程中,使学生个性得以发展、人格得以健全,真正体现"育人为本"的理念。

在实施创新创业教育的过程中,地方本科院校应更新创新创业教育观念。地方本科院校一直沿袭我国传统创新创业教育的模式,其最大的弊端就是过分注重学习创业知识、培训创业技能,而轻视创新创业智力的开发。在知识经济时代,社会需要的是能够适应经济社会建设、知识经济发展的复合创新型人才。所谓复合创新型人才,应该具有独立的精神世界和自由创造精神。实施创新创业教育,首先应明确教育的真谛。教育即生长,就是为学生的生长提供宽松自由的环境。皮亚杰认为,"儿童是主动学习者,真正的学习并不是由老师传授给学生,而是出自儿童本身"[4]。因此,最好的教育方式是熏陶,是浸润,而不是知识的灌输。地方本科院校实施创新创业教育的根本目的不是对学生进行知识的灌输、就业培训,而是提高学生创新创业能力,塑造学生的创新创业品质[5]。因此,地方本科院校应变革传统的创新创业教育观念,让学生学会学习、学会思考,从根本上培养他们的创新精神与创新能力。

(二)增强创新创业教育和专业教育之间的联系

创新创业教育不可脱离专业教育进行。当前,地方本科院校实施创新创业教育存在的共同问题就是脱离了专业教育,主要表现为:创新创业教育与专业教育各自为政、互不沟通,创新创业教育没有纳入专业教育的人才培养方案之中,也没有融入专业课程体系中,而主要是独立设置创新创业教育课程,单独进行创业技能的训练。然而,我国创业学的研究仍然处于起步阶段,学科课程建设还在探索之中。目前,地方本科院校在实施创新创业教育时,对创新创业课程设置主观随意,缺乏科学依据。地方本科院校实施创新创业教育的宗旨,就是提高人才培养的质量。所谓的人才质量,就地方本科院校而言,就是指培养的技术技能型人才能够适应区域经济建设和行业发展的需要。因此,地方本科院校不能脱离专业教育来培养创新精神和创业能力。

地方本科院校实施创新创业教育应结合专业教育来开展。首先,抓住创新创业教育理念的内核,普及创新创业教育观念,重新定位人才培养目标,在教学过程中不断引入创新元素,整合社会资源,营造创新创业的教育教学环境。其次,构建沟通创新创业教育与专业教育的桥梁,在学习专业知识和培养专业技能的同时,专注学生创业知识的学习和创业能力的培养,使学生的学习能力、生存能力和创新能力潜移默化地得以增强。在具体实施创新创业教育时,地方本科院校可以将创新创业教育有计划、有步骤、分层次地纳入专业教育之中,首先是初步创新意识、创业精神的培养,然后是创新创业技能的培养,最后是创新创业能力的培养。地方本科院校实施创新创业教育时,只有将专业教育内容与创业特质、创业知识、创业技能相结合,才能培养学生的创新意识、创造精神、创业能力与创业品质。

(三)强化课程的整合

课程整合也叫"课程综合",是指把两种或者两种以上学科融入一个课程整体中,变革原有课程内容与结构,改变整个课程体系,建立综合性课程文化体系。从课程发展的历史进程来看,古代社会由于缺少科学基础、科技水平低下,课程是以综合为特征,并且始终带有综合的痕迹;近代社会由于自然科学的发展,使得古代社会的简单、低水平的课程综合不再可行,促使分科课程出现和成熟;由于分科课程得到发展,现代社会显示出学科之间壁垒分明的弊端,因此人们希望通过课程的综合,打破学科之间的界限,建立学科之间的联系。早在19世纪德国赫尔巴特教育学派就提出了课程综合化的"中心统整法",随后于20世纪初期又提出了"合科教学"。到了20世纪90年代,模糊学科界限、寻求课程的综合化成为课程改革的基调[6]。

强化课程整合是地方本科院校培养创新创业人才的必然要求。课程整合是现代科学发展的需求,现代科学的发展趋势表现为:一方面,某一领域不断再分化,越来越细;另一方面,跳出本身领域,在与其他学科交融中获得新生。强化课

程整合也是当今社会发展的诉求,如环境污染、食品安全、核武器威胁等问题,不是通过学习一两门学科就能够解决的。课程整合是课程发展历史过程中的否定之否定的过程。当然,地方本科院校不能脱离科学发展和社会的现实背景,在课程建设时应突出综合化的趋势。地方本科院校加强课程整合的目的是强调多学科的交叉,开展有效学科间的联动,或者是学科内的联动,使创新创业教育融合各种课程的长处。因此,地方本科院校在培养创新创业人才的过程中,应发挥本校优势,走特色化发展道路,充分利用和挖掘校内外有利于创新创业人才培养的各种教育资源。

课程整合对教学、教师与学生都提出了更高的综合性要求。这种综合性要求并不是面向知识,而是将知识当作一种工具与媒介,融入教学的每个环节,从而培养学生的综合实践能力与创新能力。在这个创新力无限发挥、个性张扬的时代,每个人要找到自己的位置,发挥自己的才智就应该善于学习、学会探究、懂得合作与交流。特别是信息技术的飞速发展,以及信息技术与教育的结合,将从根本上改变传统的教育教学模式,为学生独立思考、自主学习、探索创新提供了最大可能性和广阔空间。地方本科院校在实施创新创业教育时,对实现创新创业教育目标有利的课程,都应该吸收、融合与加工,把它们整合成一个有机整体。地方本科院校强化课程整合,可以优化学生的知识结构,拓宽专业口径,让学生在灵动、鲜活的情境中建构知识、建构生活。

(四)重视课程体系的开发

关于"课程开发"一词,学术界由于研究者对课程的定义有不同的理解,因而对"课程开发"的界定也就有了各自的观点。与"课程开发"相近的词语是"课程设计"和"课程编制"。美国学者舒伯特认为,"课程开发"与"课程编制"是同义的,而且"课程开发"是"课程设计"的上位概念,包括课程设计以及设计的背景。在应用型教育中,人们一般倾向于使用"课程开发",以突出开拓和应用,强调以培养应用型人才为目标进行创造性的劳动并达到可应用的目的。美国课程论之父泰勒探讨了"课程开发"的基本原理和步骤,把"课程开发"的内容和过程表述为四个方面:学校应力求达到何种教育目标,如何选择有助于实现这些教育目标的学习经验,如何有效地组织学习经验,如何评估学习经验的有效性[7]。

开发科学合理课程体系,是地方本科院校实施创新创业教育的保证。课程体系在教育教学活动中处于基础和核心地位,课程体系是实现教育目标的根本要素。在课程实践领域,最重要的问题就是课程开发问题。地方本科院校培养的是应用型技术人才,应用技术与科学更多地受到地方经济、资源、能源、原材料和行业背景的制约,而这些资源、能源和原材料是有区域性的,因此地方本科院校带有明显的地方特色和行业特点。地方本科院校只有根据区域特色和行业背景开发科学合理的课程体系,才能更好地服务区域经济建设和行业发展。创新创业教育与专业教育是紧密联系的,地方本科院校根据区域特色和行业背景开发科学合理的课程体系,是实施创新创业教育的中心环节,也是将创新创业教育理念转变为教育实践的重要途径。

地方本科院校实施创新创业教育,应确立学生发展本位的课程开发价值取向。以学生发展为根本,以培养学生的创新精神和实践能力为重点,是地方本科院校课程体系开发的理念。以学生发展为本是学生本位课程观与社会本位课程观的统一的体现。学生发展是适应社会发展需要的全面发展,是人格的全面发展,是个性发展。以创新精神和实践能力为重点,是指培养学生适应经济社会发展和知识经济发展需要的探索精神、批判与创新能力。地方本科院校课程开发必须依赖学校教师,在分析区域经济和行业背景的基础上开发符合学校特色发展理念和学生发展需要的课程体系。地方本科院校在开发课程体系时,应突出课程内容的选择性和多元性,这样有利于改变学生的学习方式,让学生在学习过程中进行空间选择和问题选择,使学生成为学习的真正主人,从而培养学生的自主性、选择性、能动性和创造性。当然,也可以将创新创业教育纳入活动课程之中,结合校内外的各种活动来开展创新创业教育,通过产学互动、校企结合,把大学专业教育与科学研究、地方经济建设、行业生产有效整合起来,培养学生的创新思维、创业意识,提高学生综合分析和解决科研、生产实际问题的能力。总之,地方本科院校实施创新创业教育,在进行课程体系的开发时要保证其长期性、连贯性、合理性和有效性。

(五)践行创生取向的课程实施观

课程实施就是把课程计划付诸实践的过程。课程实施的过程就是一个课程变革的过程。美国课程论专家古德莱特从实践层面给"课程"提出了五个层级的界定:"理想的课程""官方的课程""理解的课程""运作的课程"和"经验的课程",这就是对课程实施很好的诠释。课程实施以课程开发为前提,课程实施的目的是积极推动学生的学习和发展合乎社会发展的各项要求。

教学是地方本科院校实施创新创业教育的主要途径。陶行知认为,创造力最能发挥的条件是民主。民主是人类社会生活的必需品,而不是奢侈品,整个人类社会进步的历史就是一部追求民主的历史。追求教育教学中的民主,需要营造科学合理的教学心理氛围,这样的氛围应该是智力紧张、情绪轻松的;追求教育教学中的民主,需要理性回归师生关系,这样的关系应该是平等的、和谐的;追求教育教学中的民主,需要教师转变角色,这种转变是由农耕时代的"园丁"到工业时代的"工程师",再到信息社会的"产婆"。现代教育强调以人为本的教学理念,并且给予教学以新的内涵,教学就是课程不断创造与生成的过程,教学就是师生共同交往、积极互动、共同成长的过程。为了让学生合作交往、积极互动、自主探究,就需要教师具备苏格拉底式的反问功夫来"催生"学生的智慧与人格。实施创新创业教育,要改变传统的教学理念,突出学生的主体地位,让学生在交往、探究活动中,培养主动探索精神、团队合作意识,从而更好地建构创新创业知识,形成创新创业能力。

地方本科院校实施创新创业教育,应践行创生取向的课程实施观。课程为学生提供了学习机会,以便达到预期的课程目标。课程只有通过实施,才能把静态课程内容转化为动态的育人过程。课程实施是一种重要课程形态,在课程体系中具有重要作用。美国课程论专家麦克尼尔根据课程改革发生的不同水平,提出了课程实施的从上至下策略、从下至上策略和从中间向上策略。地方本科院校课程实施的过程并不是一个课程实施策略选择的过程,而是课程实施策略应用与发展的过程。地方本科院校实施创新创业教育,应强调在一个连续的、动态的实施过程中,将学校、教师、学生作为课程实施和改革的主体,同时赋予学校、教师和学生更多的自主权来实施课程变革,并且解决变革中的问题。课程所提供的材料只有经过教师和学生的选择、加工,才能作用于学生,并对学生产生正面的影响。由于学生知识的掌握、创新精神的形成、创业能力的培养是一个长期而复杂的过程,只有当教师和学生围绕课程内容展开一系列的心智操作和身体操作,课程所提供的内容才能深刻影响学生的精神世界,并逐步内化为学生的内在素质,从而促进学生的有效发展。

(六)走进"社会大课堂",突出实践教学

地方本科院校实施创新创业教育,应走进社会这所大课堂。"社会大课堂"并非单一的一次讲座或者一次学术报告,而应是以"融入社会、协调发展"为根本思想来开展的育人活动。地方本科院校实施创新创业教育应走进社会,在社会活动中培养创新创业人才。"社会大课堂"要求课堂应该迁移到社会中去。地方本科院校的创新创业教育如果仅仅局限在课堂教学中,则难以培养学生的创新精神和创业能力;把学生封闭在校园里,培养不出未来事业的开拓者。只有走进"社会大课堂",让学生到工农业生产第一线和社会实践中,真正体会国家的繁荣与富强,感受改革开放以来的巨大成就,才能激发学生无穷的创新创业动力。让广大学生在"社会大课堂"中边学边做、学做结合、以学促做,可以提高他们的实践能力,培养他们的人文素养、科学精神、创新精神、创业素养和专业实践能力。

地方本科院校实施创新创业教育,应突出实践教学,加强理论教学与实践训练的结合,通过理论学习来指导实践,通过实践活动加深对理论的认识与理解,这是一个循环往复、不断深化的过程。地方本科院校应加强社会实践,在社会实践中培养学生的创新精神和创业能力。课程要被学生理解和接受,课程内容必须联系社会生产实践。只有结合当今社会的生产实践来开发和实施课程,课程才能被学生所理解和接受。实践教学对提高学生综合素质,培养学生创新精神与实践能力有着理论教学根本不可替代的作用。创新创业人才必须具有较强的实践动手能力,因此其人才培养模式应强化实践教学环节,增加设计性、综合性实践课程内容,淘汰过时的纯验证性实验,通过实践课程内容的设计与创新,培养学生的创新意识、创业能力和工作设计能力。

参考文献

[1]高晓杰,曹胜利.创新创业教育——培养新时代事业的开拓者[J].中国高教研究,2007(7):91-93.

[2]石中英.教育哲学导论[M].北京:北京师范大学出版社,2004:91.

[3][5]王丽娟,高志宏.论我国创新创业教育理念的创新[J].江苏社会科学,2012(5):238-240.

[4][瑞士]皮亚杰.皮亚杰教育论著选[M].卢濬,译.北京:人民教育出版社,1990:4-5.

[6]钟启泉.现代课程论(新版)[M].上海:上海教育出版社,2003:39.

[7][美]拉尔夫·泰勒.课程与教学的基本原理[M].罗康,等译.北京:中国轻工业出版社,2016:1-2.

近代应用型课程观综述

丁小明　严权

摘　要：课程是以当时社会、经济、文化各个领域的改革为背景形成和发展起来的,因为社会、经济、文化改革产生了新的教育目标、教育价值观,从这些新的教育目标、教育价值观中又派生出新的教学内容与教学方法。纵观近代教育发展的历史,可见应用型课程的形成及发展历程。

关键词：近代；应用型课程；综述

课程是以当时社会、经济、文化各个领域的改革为背景形成和发展起来的。社会、经济、文化改革产生了新的教育目标、教育价值观,从这些新的教育目标、教育价值观中又派生出新的教学内容与教学方法。纵观近代教育发展的历史,可见应用型课程的形成及发展历程。

一、文艺复兴时期应用型课程观

文艺复兴运动是公元 14 世纪到 17 世纪欧洲在意识形态领域里向封建主义和天主神学体系发动的一场伟大的文化革命运动。文艺复兴运动不是一场孤立的运动,它肇始于中世纪后期欧洲社会发生的种种变革。文艺复兴运动所倡导的新文化被称为人文主义文化,人文主义文化的核心是提倡人道,肯定人的价值、地位和尊严。人文主义将天国的幸福和欢乐移至人间,认为不言今生的幸福,就根本谈不上来世的欢乐,因而进一步肯定现世生活的价值和尘世的享乐。人文主义教育在不同的地区和不同的发展阶段有不同的特色,但在基本特征上

文章来源：《成人教育》,2013 第 3 期,有修改。

存在一些共同之处。从人文主义课程设置的方面来看,人文主义教育充满了浓厚的世俗精神,强调应用型知识的学习,课程设置更加关注今生而非来世。

二、实科学校——应用型课程设置的典范

17世纪的俄国在经济、军事等领域远远落后于西欧各国,究其原因,关键在于俄国当时的教育发展缓慢,国民文化素质不高、专业人才极度匮乏成为制约当时俄国经济建设和社会发展的重要因素。彼得一世继位后,力图改变俄国政治、经济、文化、教育落后和严重依赖西方的状况。为了实现富国强兵的目的,彼得一世极力主张俄国主动虚心向外国学习。"因为没有俄文的技术书籍,所以不得不翻译外国著作。于是像数学、造船学、筑城学、建筑学、军事学等方面的技术书籍和专门知识的书籍大量翻译和出版。"[1]具有远见卓识的彼得一世对教育的作用非常清楚,他认为"学院和学校是国民教育的非常事业"[2]。因此,他把创建实科性质的学校作为当时政治、经济、文化教育改革的重要组成部分,目的在于为俄国经济的振兴和国土的扩张培养急需的职业教育专业人才。

1699年,俄国创建了莫斯科数学与航海学校。彼得一世要求学校"教授数学与航海学,即与航海有关的各种科学"[3],目的在于培养数学、外语教师以及与军事和工业部门有关的各种职业教育人才。学校为学生开设的课程有数学(算术、几何、代数、三角)、天文、地理学等,"此外还有一些专门的学科:航海学,即培养航海专家的科学;筑城学,即军事工程师所需要的科学;天文学、地理学和测量学等"[4]。学生在低级班主要学习普通科学文化知识,高级班讲授航海学与测量学等专门课程。从1699年到1716年,莫斯科数学与航海学校为俄国培养了一千余名数学教师、造船业工程师和海军技术专家,为俄国18世纪政治、经济、文化教育、军事等领域的发展和改革做出了重大的贡献。1701年,俄国创建了莫斯科炮兵学校。该校要求向炮手及贵族子弟、官员子弟教授基本的阅读、书写、计算知识及其相应的技术知识,为俄国培养炮兵技术骨干[5]。莫斯科炮兵学校虽然只存在了21年,但为俄国军队和炮兵工厂输送了大批技术骨干,为俄国18世纪的军事扩张做好了技术人才储备。

三、功利主义课程观

19世纪后半叶,伴随着产业革命的进行,有计划地研究教育本质和规律的

必要性越来越突出。在这样的背景下,同传统教育思想尖锐对立的近代自然科学,被引进普通教育、高等教育,乃至以广泛的普通民众为对象的社会教育的各种制度中。在这个时期,倡导科学教育思想,将近代科学引进学校教育的代表性人物当数英国实证主义哲学家、社会学家斯宾塞和英国生物学家、理科教育学者赫胥黎。

斯宾塞认为,对人来说,过"完满生活"是最重要的。教育的作用就是使人们为过"完满生活"做好准备。他提出,为人类的种种活动做准备的最有价值的知识是科学知识。他在《什么知识最有价值》这篇论文中明确指出:"什么知识最有价值?一致的答案就是科学。这是从所有各方面得来的结论。"在斯宾塞看来,科学作为学校的课程内容,对学生来说具有重要的价值。斯宾塞关于课程的基本原理可以概括为:①教育的重点应放在维系人类生活的各种活动之上;②培养人们卓有成效地完成这些活动的教育才是有价值的;③科学是课程的重点,因为它有助于有效地完成人类生活的活动[6]。斯宾塞断然否定传统的不切实际的装饰知识,要求用实用的知识作为课程内容,这就是具有代表性的应用型课程的萌芽。

赫胥黎是英国普及理科教育的创始人。他不仅为英国而且为世界的理科教育留下了丰硕的研究成果。英国在世界上确立了世界工厂的地位之后,迎来了被各国赶超的巨大压力。英国在有可能落伍的时代里,发现没有一种职业不需要某种自然科学知识来支撑。赫胥黎从重视科学知识在形成新的世界观上所起的作用出发,主张普及自然科学教育。也就是说要使人人都形成以自然科学的系统知识为基础的对自然、人类社会的认识与见解。他从形成世界观的高度评价了人们接受自然科学的教育价值,肯定了自然科学的教育价值的核心作用。为了确保英国世界工厂的地位,他强调不仅要用科学知识来促进人们素养的提高,而且要把科学知识作为最基本的课程内容。在课程内容选择时,他强调应该以实践知识而不是理论知识为主,突出课程实施的主要方式应该是实践过程,而不是认识过程。

四、"教劳结合"的实践课程观

近代课程的一个特征是,自然学科和技术学一类的应用型的实科,被作为学校教育的内容引入了课程[7]。而且,技术和劳动本身也被列为教育的重要一环,它们是典型的应用型课程实施的基本过程。在近代社会的发展中，许多思想家、社会改革家论述了"教劳结合"的构想。论述"教劳结合"的实践课程观最有代表性的人物是卢梭、裴斯泰洛齐、马克思和列宁。

卢梭把"教劳结合"作为理想社会和社会改革的重要思想来描述，而且深刻地揭示了"教劳结合"对青少年一代发展所具有的重要意义。他认为："劳动是社会的人不可减免的责任，任何一个公民，无论他是贫或者是富，是强或者是弱，只要他不干活，就是一个流氓。"[8]卢梭认为在这个理想社会里，人们在劳动之余，保障每个人充分的学习机会，所有的儿童不分男女，在学校里学习一门以上的专业。卢梭在《爱弥儿》一书中，描写了以理想的自然方式培养一个儿童成为自由"人"的过程。在这个过程中，他以儿童的感觉和自由活动为基础，进行实物教育，同时，让爱弥儿见习农业、木匠的工作。在卢梭看来，生产劳动是知识的源泉，是培养人所不可缺少的重要环节。卢梭重视劳动和劳动教育，把劳动当作社会中人人应尽的义务。

裴斯泰洛齐虽然不是第一个提出教育与生产劳动相结合思想的人，但他却是西方教育史上将这一思想付诸实践的教育家，并在自己的实践活动中推动和发展了这一思想。18世纪中叶以后，随着农村自然经济的解体，产生了许多贫民和流浪儿，因而为他们开办的"创业学校""贫民学校"也就普及起来。裴斯泰洛齐的办学宗旨不在于救济当时生活无靠的贫儿，而在于对他们进行教育，即"训练儿童的能力，使他们能够准确有把握地对付日后的生活"[9]。在裴斯泰洛齐收容孤儿的学校里，儿童从事家庭工业劳动和农业（栽培、饲养）劳动，生产自己需要的生活资料，同时掌握实际生活所需的知识和技能。裴斯泰洛齐不仅把学习与劳动相结合视为帮助贫苦人民掌握劳动技能，从而改变贫苦生活状况的手段，而且他将劳动、生产与体育、智育、德育联系起来，肯定了劳动与生产相结合对人的和谐发展具有重要的教育价值。裴斯泰洛齐把教育与生产劳动相结合的思想付诸实践并在理论认识上加以发展，无疑在教育发展史上做出了重要贡献。他的教育思想具有鲜明的民主性和革新性，反映了时代对教育的要求，反映了教育自身的规律，这是他对教育理论发展做出的重大贡献。

马克思强调教育与生产劳动相结合，而且突出课程内容——技术教育。在19世纪的上半叶，工人大众的子弟从幼小时期起就得从事生产劳动，聘用童工是普遍现象。马克思从童工这种乍看是消极的现象中，看到了未来教育的应有模式。在当时的欧洲，公共教育制度是在以工场法为基础的前提下形成的。工场法从保护儿童的立场出发,将教育与劳动结合起来。他认为教育与生产劳动结合起来是保障一切人全面发展的未来教育的萌芽。这种教育"对所有已满一定年龄的儿童来说,就是生产劳动同智育和体育相结合,它不仅是提高社会生产的一种方法,而且是造就全面发展的人的唯一方法"[10]。学校按照教学计划的要求组织学生参加体力劳动,对于青少年的成长有重大的意义。学生参加工农业生产劳动,不仅创造了物质财富,而且也能在劳动中使自己的智力得到发展。马克思还指出,不仅教育要与生产劳动相结合,而且社会生产劳动也要与教育结合。当时的大工业生产是离不开科学知识的,"对儿童和少年工人应当按不同的年龄循序渐进地授以智育、体育和技术教育课程"[11],对学生进行工艺学的教育与训练也是必要的。马克思强调教育与生产劳动相结合,同时注重教育的内涵——技术教育,这是马克思教育论的基本原理,也是课程论的重要原理。

列宁丰富和发展了马克思主义关于教育与生产劳动相结合以及综合技术教育的思想,并认为这是人的全面发展的重要内容。早在1897年,列宁在批判民粹主义者尤沙柯夫时指出,"没有年轻一代的教育与生产劳动的结合,未来社会的理想是不能想象的"[12]。他认为,教育与生产劳动相结合,既是现代生产发展的需要,现代科学技术进步的需要,也是现代教育自身发展的需要。他认为,综合技术教育是现代大工业生产发展的客观要求,是人的全面发展的条件之一,是和实现社会主义与共产主义密切相关的原则性问题。为了协调普通学科教育和职业教育,他认为在职业学校里应该扩大普通学科的范围,在普通学校里也要实施综合技术教育,并使综合技术教育与专业教育有机地结合起来。20世纪初,列宁从现代工业生产进入以电力为基础的时代特点出发,提出综合技术教育的基本知识应该包括关于电力和电气化的基本概念,如电力在机械工业和化学工业中的应用、农艺学的基本原理等。这是列宁对课程,特别是应用型课程的深刻见解,对我们当今现代应用型课程建设仍然具有一定的指导意义。

五、我国近代应用型课程观

1.改革派"经世致用"的应用型课程观

鸦片战争前夕,封建社会已显露"衰世"的景象,资本主义列强的炮火更加剧了清朝统治的危机。以龚自珍、魏源为代表的一批先行觉醒的知识分子,从训诂考据的圈子中挣脱出来,开一代教育改革之先河。以揭露封建"衰世"的黑暗腐朽著称的龚自珍,将人才问题作为批判现实社会各种弊端的出发点。龚自珍痛心于当今社会缺乏"才相""才史""才将""才士""才民""才工""才商",而且还把处在道德另一极端的"才偷""才驵""才盗"的缺乏也作为时代悲哀的一个方面加以讽刺。这是他的基本应用型人才观的具体体现,突出强调了人才品质中可以"经世致用"的智能因素。他从社会实际需要出发,从不同类型人才的分工合作上提出了一个由"相""史""将""士""民""工""商"等组合起来的人才整体结构形态,反映了社会发展要求人才由单一化向多样化的应用型人才转变的趋势。龚自珍从"经世致用"的观点出发,指出有关民生日用的应用型知识都是士人应当学习研究的,指出"田夫、野老、骥卒之所习熟,今学士大夫谢之,以为不屑知,自珍获知之,而以为创闻"[13]。

魏源是中国近代著名的思想家,他抨击空疏无实的汉学、宋学,主张向西方学习,学习西方近代科学知识,改革封建教育,培养"经世致用"的人才。"经世致用"是魏源改革旧教育的指导思想。他指出,教育的目的就是要培养正心、修身、齐家、治国、平天下的人才。因此,学习经书必须遵循实用的原则,"以经术为治术"才是学习经术的根本目的,离开了这一目的,学习经书也就没有什么意义了。他强调,学习一定要结合实际,能够"亲历诸事",付诸实践。他反对那种脱离实际的学问,称这种读书人为"庸儒"。魏源在《海国图志》里介绍世界主要国家的地理、历史概况和社会现状的同时,明确提出了"师夷长技以制夷"的思想。魏源对西方"长技"的了解比较全面系统,军事内容成为首先被重视的课程内容。他除了向西方学习船、炮、军器等军事方面的长处外,还注意到组织、纪律等人事制度方面的课程内容。

2.洋务派"中体西用"的课程观

经过两次鸦片战争的打击,洋务派逐渐认识到,中国经济、军事、文化教育远远落后于资本主义列强。因此,他们在教育方面第一次效仿西方资本主义国家建立新式学堂,为中国培养了第一批具有近代知识的知识分子、科学技术人员和新军将领。在洋务运动中,教育活动是其主要内容,洋务派主张兴"西学",提倡"新教育",培养洋务人才。洋务派认为,要救亡图存,学校的课程就必须讲求实效,以应付实务之急。

引进西方课程是洋务派课程观的重要体现。洋务派把西方先进的科学技术引进洋务学堂的课程之中。他们在办洋务学堂的过程中,深深为西方的坚船利炮所折服,因而认定学习西方科技乃中国富强之本。洋务派的教育思想已大大突破了我国传统学校教育的框架,他们主张在更大范围内发展新式教育,开设西学课程,学习西方科技。中国要通过"师夷"而自强,就要引进西方的军事装备,学会使用这些西方军事"长技"。既然掌握制造技术是"师夷长技"的要务,那么就无可避免地又引申出更深层次的"师夷"内容:作为"制器之器"的机器设备,无疑也要逐步从购置变为自制,因此机器制造业也不能仅仅局限于军事工业。洋务派提倡"新教育"的课程内容从制造枪炮、军舰之类的军用"洋器",扩充到制造其他事物的"洋器",再扩充到开发交通、矿山、冶炼等各种相关的产业;同时机器大生产本身,也要求人们不仅要掌握具体操作技能,而且必须掌握支配这些技能的科学原理[15]。洋务派建立了新型的学校,第一次把西学付诸教育实践。他们把西方近代科学技术尤其是实用技术介绍到中国,既有利于中国的军事近代化,也使中国的科学技术近代化开始起步。

3. 维新派"会通中西"的课程观

维新派提倡的西学,在课程目标和具体的课程内容上与洋务派的"中体西用"有着本质的差异。他们所指的西学不仅仅是西文、西艺,还包括西方的政治制度、社会理论和自然科学。维新派提倡的"会通中西"的课程观有两层含义:一是指打破中学与西学的界限,实现中西文化的全面融合;二是指打破"体用"界限,不仅要学习西方的科学技术,而且要学习西方的政治制度[16]。康有为提出"泯中西之界限,化新旧之门户"[17]。

"中西并举、政艺兼学"是维新学堂课程设置的基本原则。梁启超在论及中学与西学的关系时说:"舍西学而言中学者,其中学必为无用,舍中学而言西学者,其西学必为无本。"[18]从维新派的教育实践和百日维新中的教育改革来看,首先,他们重视西方语言课程的设置。维新派认为,中国的落后与挨打,原因在于中国的封建文化禁锢了人们的头脑,阻碍了中国社会的进步。维新派认为要救亡图强,就必须精通西文,了解外国,学习西方学术,获得第一手资料。其次,课程设置重视西方自然科学知识。维新派认为,科技发达是西方资本主义国家富强的重要原因。中国要变法自强,不能脱离科学,尤其是不能脱离自然科学。重视自然科学可以改变我国传统学校教育中严重脱离实际的积习和弊端。最后,维新派力主引进西方社会政治学说。维新派视学校教育为"立国之本",力主通过设置全面的西学课程来培养变法人才,主张不仅要学习西艺,而且要学习西政。维新派要以当时世界上进步的资本主义国家的政治制度和社会制度为模式来改造中国,救亡图存。

维新派以"会通中西"的课程观为指导,阐述了当时高等学校的课程应包括西方的政治、经济、哲学、社会学、自然科学等内容,这不仅大大地超出了洋务学堂的课程内容,拓宽了人们对西学的认识和学习西学的范围,而且也对传统的学校教育观念、教育制度和传统高等学校的课程设置产生了冲击。

参考文献

[1][2] [苏联]安·米·潘克拉托娃.苏联通史(第二卷)[M].北京:外国文学书籍出版局,1955:41.

[3] 腾大春.外国教育通史(第三卷)[M].济南:山东教育出版社,1990:426.

[4] [苏联]沙巴耶娃.教育史[M].李子卓,译.北京:人民教育出版社,1957:38.

[5] 贺国庆,王保星,朱文富,等.外国高等教育史[M].北京:人民教育出版社,2003:153.

[6][7] 钟启泉.现代课程论[M].上海:上海教育出版社,1989:82,99-100.

[8] [法]卢梭.爱弥儿[M].李平沤,译.北京:商务印书馆,1983:262.

[9] 吴志光.裴斯泰洛齐[M].北京:商务印书馆,1948:32.

[10] 中共中央马克思恩格斯列宁斯大宁著作编译局.马克思恩格斯全集(第23卷)[M].北京:人民教育出版社,1964:530.

[11] 中共中央马克思恩格斯列宁斯大宁著作编译局.马克思恩格斯全集(第16卷)[M].北京:人民教育出版社,1964:218.

[12] 中共中央马克思恩格斯列宁斯大宁著作编译局.列宁全集(第2卷)[M].北京:人民教育出版社,1979:461.

[13][14] 龚自珍全集[M].上海:上海人民出版社,1975:10,116.

[15][16] 郭德侠.中国近代高等学校课程设置研究[M].青岛:中国海洋大学出版社,2007:21,58.

[17] 汤志钧.康有为政治集(上册)[M].北京:中华书局,1981:259.

[18] 丁文江,赵丰田.梁启超年谱长编[M].上海:上海人民出版社,1983:54.

论应用型本科院校的课程设置

严 权 王前新

摘 要: 优化专业应用型本科教育的课程设置对实现我国人才培养目标和高校的办学理念具有决定性的作用。根据我国专业应用型本科院校人才培养目标,针对目前我国本科院校课程设置中存在的问题,本文认为专业应用型本科院校在设置课程时应该注意:设计完整性的课程目标,选择和组织科学合理的课程内容,优化课程结构。

关键词: 专业应用型;课程设置;人格本位

一

关于"应用型"这个概念,潘懋元先生认为,它"应该是个比较宽泛的概念,它的外延包括'工程应用型''技术应用型'和'服务应用型'。"德国、法国等发达国家将高等专业学院的英文名字翻译为 University of Applied Sciences,在我国过去经常将这类学校称作高等专科学校和专科高等学校[1]。这类地方高校主要从事专业应用教育和研究,与注重学科基础研究的普通综合性大学具有同等价值,但培养目标和办学定位不同,大多属于本科层次的"专业应用型"教育。从经济发达的国家和地区来看,专业应用型教育发展于20世纪60年代。随着经济与科技尤其是新兴产业的迅速发展,各国迫切需要既区别于普通大学又与普通大学等值的专业型院校,培养大量高层次专业应用型人才,以弥补高等教育体系在人才培养和专业分布方面的不足与缺陷,保证人才培养结构的均衡和增强国家竞争力。

文章来源:《沙洋师范高等专科学校学报》,2009 年 10 月,有修改。

在专业应用型本科院校的教育管理改革中采取的一些重要措施,对提高教育质量及全面培养高素质人才具有重大的意义,尤其是对课程结构体系进行不断地调整与优化,对本科院校高素质的人才的培养起着决定性的作用。关于应用型本科院校高素质人才的培养,国家提出了明确的目标:基础扎实、口径较宽、综合素质较高、实践能力强、富有开拓精神的创新型复合人才。为了培养高素质的人才,专业应用型本科院校要围绕我国人才培养目标和自己的办学理念来进行课程设置。因而,各本科院校首先要明确自己的办学理念,充分利用和挖掘内外教育资源,发挥自己的优势,走特色化的发展道路,构建以人格为本位,融传授知识、培养能力、提高素质于一体,专业特色和时代特征有机结合的多样化人才培养模式,确立基础型、应用型、复合型、综合型等人才的培养类型,制定比较合理科学的本科人才培养方案。

本科院校的课程设置往往受课程价值观制约。在课程发展史上,出现了三种课程价值观。持学科价值观者认为,大学课程要为学科的发展而设立;持社会价值观者认为,课程的设立要为社会的发展服务;持人文价值观者认为,课程要为人的发展而设立。"学科中心论""社会中心论"和"学生中心论"这三种课程价值观都有各自的缺陷,但也都有其合理成分。社会发展与人的发展互为前提,不可分割,在教育过程中,这两者的发展都要奠定在学科的发展基础之上,学科是大学生存发展的生命力所在。大学课程设置是否合理,社会需要是终极裁判,但社会需要有长远的需要和近期的需要之分,学科是人类文化遗产的结晶,教师的意见反映了学科发展的要求,同时也代表了社会长远的需要;而学生由于面临就业等切身利益,对社会近期的需要显然比教师反应更敏感一些。专业应用型本科院校的课程设置的价值取向不能偏废,要兼顾"学科中心论""社会中心论"和"学生中心论"的观念,充分体现大学的三大职能:科学研究、人才培养和服务社会。

在我国高等教育领域里,过去长期实行的是"层级结构模型"课程体系。该课程体系模型是由专业课、专业基础课和公共基础课构成的。这样的课程模式强化了专业知识、能力的培养,而忽视了人的基本素养的养成。然而,教育的宗旨在于培养"完整的人",这样的人既要掌握专业知识,又要掌握基础知识并具备正确的价值观。因此专业应用型本科院校在课程设置时,除了重视专业教育之外,还要重视教养教育并提高它在整个课程体系中的地位。我国高等教育经过几十年的不断改革和发展,目前的课程设置已突破了苏联模式,基本形成了具有自身特色的课程结构体系:扩大公共基础课的学分比例,压缩专业课的学分比例,开设一批带有通识教育性质的公共选修课,较为广泛地涉及人文社会科学和自然科学知识。该课程结构体系的形成对培养高素质的人才起到了十分重要的作用,然而仍然存在一些突出的问题。

二

一些专业应用型本科院校在课程设置时,忽视了选修课程的开设。在确立课程目标时,师生均认为思想品德或人格层面的目标是最重要的,与理论上的认识基本一致,但现实中的目标定位或实施目标过程与他们的需要存在很大的差距,具体表现为:重视认知,忽视过程与方法、情感态度及价值观;同时,当代大学生的成长愿望中蕴涵着成为创新人才的价值取向和有利因素,在课程目标中缺乏对这些人格因素或非智力因素及相应的认知、方法的肯定、确定和细化[2]。专业应用型本科院校在课程设置时,普遍侧重于必修课程,忽略了选修课的合理分配比例,存在着必修课过多、选修课偏少的情况。各专业应用型本科院校应积极地扩大选修课的开设规模,增加选修课程的总量和自由度,减少专业必修课的课程数量。

专业应用型本科教育中的文理课程处于完全隔离状态,相互渗透性不强。课程改革要注重文理工科的相互渗透、交融,突出综合性,改变文理严格分科,各门课程之间自成体系的局面,不断地拓宽学生的知识面,提高其社会适应性和应变性[3]。一般来说,我国本科院校现行的课程模式是"通识教育+专业教育",其优点是加强了通识教育,使专业教育建立在通识教育的基础之上,这对扩大学生的知识面和增强学习能力,淡化专业、强化基础,无疑是有很大作用的。但我国目前所开设的通识课,一来由于缺乏通识性,二来由于缺乏大量的选修课机制,使得该课程模型的整合性比较差。这种课程模型将专业教育和通识教育截然分开,使得以专业学习为主要目标的学生在前两年远离所学专业,容易降低学生的学习积极性。

一些专业应用型本科院校课程内容设置欠佳,课程实施中缺乏创造性实验。我国应用型本科院校在选择课程内容时,重视对大学生进行知识获得能力的培养,而对大学生的人文素养的培养重视不够,对人格品性、交往处世能力等方面则较少提及;着重从提高就业适应性的角度拓展知识面,而对大学生创新素质等方面的培养不够重视,在根据社会的需要开设集灵活性和实用性于一体的课程方面存在不足。同时,由于各类专业划分过细,使考察内容太窄太深,专业性太强,互相重复,从而挤掉了基础课程的学时,导致基础课程比例偏小,不利于综合素质的培养。在课程实施时,学校重理论轻实践,十分重视各类理论性的课程,而实践课程占比较少;基本实验多,创造性实验少,多为演示性实验,一些实验课程设置方法落后,强调结果性和表现性目标,缺乏过程性和体验性目标。

三

根据我国应用型本科院校人才培养目标,针对我国目前本科院校课程设置中存在的问题,我们认为本科院校在设置课程时应该注意以下几个方面。

(一)设计完整的课程目标

"所谓的课程目标,就是指一定的教育阶段的学校课程力图促进该阶段学生的身心发展所要达到的预期程度。简言之,课程目标是指特定阶段的学校课程所要达到的预期结果。"[4]广义的课程目标,就是教育意图。狭义的课程目标是指教育内部教育与学生之间的关系,它从一个具体化的视角看问题,涵盖面是特定的,主要指"教育目标"。课程是培养未来人的蓝图,要培养全面和谐发展的人,就必须重视设计完整的课程目标。当代课程不仅要超越那种传递人类科学文化知识体系的课程目标观,而且还要超越那种智力本位的课程观,代之以完整的课程目标观。完整的课程目标观应该考虑知识领域(知识和智慧)、运动和技能领域(操作技能、健康)以及情感领域(价值观、审美观)的全面培养。日本"临时教育审议会"在提交给政府的咨询报告中所提出的 21 世纪人才培养目标对课程提出了更为全面的要求,1998 年 10 月的报告明确指出:重视教养教育,确保教养教育与专业教育的有机联系;改革专业教育;正确处理本科教育与高中阶段教育的关系;培养能在国际舞台活跃的能力[5]。此报告强化了普遍适应性的道德和独立人格,重视智力和创造能力,要求课程发挥整体功能。从世界课程目标的当代走向可知,20 世纪 60 年代由知识本位转向能力本位,70 年代比较突出情感领域和人本的关照,80 年代趋于尊重人的个性和重视道德,逐渐形成对"完整人格"的全面理解和追求。

因此,我国专业应用型本科院校要设置完整的课程目标,弥补过去过于重视知识的传授,忽视课程的"育人"功能的不足。思想品德或人格层面的目标是重要的,但现实中还是存在重视认知而忽视过程与方法、情感态度及价值观的问题。课程目标和课程的预期功能不仅仅单纯强调知识与技能,对学生的认知水平提出要求,同时还对学生的学习过程与方法、情感态度、价值观的发展提出要求,并向认知领域注入突出创新的内容,特别重要的是在学习知识的过程中,潜移默化地培养学生勇于创新、善于创新的精神。在知识传授的过程中,教师要强调学生形成积极主动学习的态度,使获得基础知识与基本技能的过程同时成为学会学习和形成正确价值观的过程。即从单纯重视传授知识转变为引导学生学会学习、学会合作、学会生存、学会做人,打破传统的基于精英主义思想的过于狭窄的课程目标,而关注学生的全面发展。这一课程目标的转变,体现了本科教育领域重视素质教育,重视培养学生的社会责任感、健全人格、创新精神和实践能力、终身学习能力、良好的信息素养和环境意识等。课程目标中存在的问题需要师生共同解决,特别是在课程目标的决策过程中要体现学生的自主参与意识。

(二)选择和组织科学合理的课程内容

选择和组织科学合理的课程内容,是课程设计与课程实施的核心问题。一般来说,课程内容是以课程目标为依据的,但课程内容的设计有其内在的逻辑,特别是在内容组织方面,客观地存在着不同的要求。早在20世纪40年代,泰勒就明确地提出了课程内容编排和组织的三条逻辑规则,即联系性(continuity)、顺序性(sequence)、整合性(integration)[6]。21世纪80年代以来,各国课程改革出现了恢复基础的倾向。基础知识的适应性和迁移性很强,它对大学生素质的培养具有重大的作用,是大学生进一步掌握知识、发展智力的基础。学生只有拥有雄厚的基础科学知识,才能提高在未来社会发展中的适应能力。稳定基础课的目标是重视公民基本素质,提高公民的基本学习能力。与稳定基础课并存的另一课程特点是重视课程的综合化,即加强基础理论课程的改革,实现课程体系综合化,因为基础理论的知识体系相对稳定而持久,是不易老化的部分。具体来看,设立文理基础课程的目的在于让学生在进入专业课程学习之前能够在一个宽广的范围内接受初步且严格的学科训练,使之对本专业以及相关领域的知识内容和思维方法有比较深入的接触。专业基础课的学习既为专业学习打下了宽厚的基础,又为以后向边缘交叉领域发展创造了一定的条件。

课程内容是课程的核心要素,是课程内在结构的有机组成部分。课程内容对实现课程目标、选择学习活动方式具有重要的意义。我国专业应用型本科院校课程还存在内容选择上不够新颖、个性化内容少、人文教育和通识教育薄弱、实践性内容不足、基础方法欠缺、内容组织上弹性不足等问题。选择专业应用型本科院校课程内容时，除突出专业知识和专业能力外，还要突出"社会生活能力的指导""学习方法的指导""思维观念的引导""学会做人""就业指导"等方面的内容[2]。美国高等教育的考察种类繁多，但始终贯彻着普通教育与专业教育并重，科学教育与人文教育并举的原则。其高校课程一般分为四个部分，第一部分是共同必修课程，即实施基础教育的课程（20%～25%）；第二部分是主修课程，即实施专业方向的培训课程（20%～30%）；第三部分是副修课程，即与主修课程关系密切的课程（15%）；第四部分是选修课程（30%～40%）[3]。我国各专业应用型本科院校在设置课程内容时，要勇于创新，实现课程体系的特色化。在激烈的教育竞争中，各高校都要形成人才培养特色，根据学生的自由选择，形成不同的课程组合，从而建构不同的知识结构。

（三）优化课程结构，实现课程的模块化

施瓦布被誉为继布鲁纳之后主张课程结构的代表人物[7]。他以"科学的结构"和"科学的结构是不断变化的"这两个基本观点为前提，对学科结构做了较为深入的探讨。课程作为一个整体也是由不同要素、不同成分组成的。课程结构就是课程内部各要素、各成分相互结合的组成形式，包括宏观的课程结构、中观的课程结构和微观的课程结构。课程结构的优化就是课程内容有序性的增强和序变能力的增强，而且课程结构的优化必须是合目的性的。目前我国对高校课程结构做了重大的改革，强调对学生实施素质教育，主要着眼于人文素质教育，要求人们树立全面素质教育的观念，达成加强基础、淡化专业、拓宽口径、文理渗透、理工结合，着力培养学生的综合素质和创新能力的共识。因此，在设置课程结构时要夯实基础，突出应用性，形成知识集成化、学科交叉、与社会经济紧密结合的特点。

学校要在优化课程结构的基础上实现课程的模块化。从总的趋势来看，当代课程改革在重视基础、重视综合化的基点上也大大加强了课程多样性；重视必修课的限制性，同时拓展选修课的多样性和灵活性。而中国许多院校特别是理工科院校的改革恰恰是采取"基础加模块"或"通识加专才"等方式进行的。许多院校在加强大学生基础教育方面，除了保留和改造传统的基础教育课程外（如外语、计算机应用基础等),还增加了大量文化素质教育内容,特别是一些理工院校把原先许多属于专业基础教育甚至是专业教育的内容也划归为基础教育内容的一部分。除了在课堂教学中将文化素质教育贯穿于专业教育之外,各高校还通过第一课堂和第二课堂相结合、加强校园人文环境的建设、改善校园文化氛围以及开展各种形式的社会实践活动,使大学生参与社会服务活动,认识社会、了解社会并在实践中提高自身的文化素养等[5]。一般来说,在具体操作时常常将课程内容分为四个模块:①普通教育课或公共课;②学科基础课和专业必修课;③限选课;④任选课或素质教育课。普通教育课或公共课是全校学生必须修习的课程,这些课程一般由全校统一要求、统一考核,一些具体课程的设置在文理科之间稍微有些调整;学科基础课和专业必修课是该专业的学生必须修习的课程;限选课要求某一专业的学生在给定的范围内选修一定的学分课程;任选课或素质教育课由一部分专业课程或公共课程组成,由学生自由选择[2]。普通教育课程主要包括"政治理论课程""德育课程""体育与军事课程""应用基础课程"。其中,"政治理论课程"一般是由"马克思主义政治经济学""毛泽东思想概论""邓小平理论概论"等几门课程组成。"德育课程"的教学目标主要是提高大学生的道德品质修养,培养正确的人生观,一般由"思想道德修养""法律基础"两门课程组成。

参考文献

[1] 马陆亭.德国学术性人才和应用性人才并行培养体系的启示[J].中国高教研究,2003(3):70-71.

[2] 周海涛.大学课程目标与内容调查报告——对三所综合性大学本科课程的调查分析[J].教育研究,2004(1):65-68.

[3] 孟雅杰.中外高校本科课程设置的比较研究[J].西北工业大学学报(社会科学版),2006(1):74-75.

[4] 靳玉乐.现代课程论[M].重庆:西南师范大学出版社,1995:155.

[5] 黄福涛.面向21世纪中日本科课程改革的比较研究[J].清华大学教育研究,2001(4):127-132.

[6] 廖哲勋,田慧生.课程新论[M].北京:教育科学出版社,2003:183-191.

[7] [美]罗伯特·梅逊.西方当代教育理论[M].陆有铨,译.北京:文化教育出版社,1984:151.